孤鳥飛行

落　蒂著

文　學　叢　刊
文史哲出版社印行

國家圖書館出版品預行編目資料

孤鳥飛行 / 落蒂著. -- 初版 -- 臺北市：文史哲，
民 108.05
頁； 公分（文學叢刊；404）
ISBN 978-986-314-467-0（平裝）

836.55　　　　10808420

文學叢刊 404

孤鳥飛行

著　　者：落　　　　　　蒂
出 版 者：文　史　哲　出　版　社
http:// www.lapen.com.tw
e-mail：lapen@ms74.hinet.net
登記證字號：行政院新聞局版臺業字五三三七號
發 行 人：彭　　　正　　　雄
發 行 所：文　史　哲　出　版　社
印 刷 者：文　史　哲　出　版　社
臺北市羅斯福路一段七十二巷四號
郵政劃撥帳號：一六一八〇一七五
電話886-2-23511028 · 傳真886-2-23965656

定價新臺幣四〇〇元

二〇一九年（民一〇八）五月初版

ISBN 978-986-314-467-0　　10404

自序：寫到不能寫爲止

我是一個詩人，偶而也寫散文。但寫著寫著，竟已出版到第七本散文集了，自己也有些意外。本來我是以寫詩為主，但因為教學需要，也兼寫賞析和詩評。後來應某雜誌主編之邀，把寫詩的偶像，虛擬的人物星子的故事，寫成《愛之夢》一本小散文集，登在那個雜誌上，竟吸引了很多讀者，也意外的促成情詩集《煙雲》的暢銷，居然印了三版。在我出身貧寒，人生困頓的旅程中，稍稍獲得一點安慰。

寫散文當然以自己最熟悉的生活素材優先來寫，所以我的第二本散文集就是規劃寫我的人生地圖，從新港大潭出生地寫起，一直寫到在嘉義就讀嘉義高中初中部，然後寫到南師三年畢業，讓外婆領到油可以當水用的食物配給的小學教師時代。那本書就叫《追火車的甘蔗囝仔》。以後就更有編輯約稿，寫著、出著，竟已是第二十三本書，第七本散文集了。

因為出了九本詩集，七本詩賞析評論集，所以有關詩的理論談了不少。現在就來談談我對寫散文的看法。其實文學不論小說、詩、散文或評論，首先一定要有學養，如蠶要吃桑葉。腹內沒內涵，寫出來任何一種東西都不足觀。因此以楊牧和余光中為例，不論詩或散文，都名列讀者喜愛閱讀前幾名，也就是腹滿詩書氣自華之意。

另外寫東西一定要研究技法，文字修辭，不能散漫無章，尤其不能濫情或枝節橫生，不知剪裁組織。要寫成自己獨特的文字風格和語言魅力。因為散文人人能寫，絕不是只有文字通順就可以了，不論寫情寫景，說理評論，文字要精闢，筆力可秀可豪，對萬事萬物感觸要靈敏銳利，見解要獨特精確，這樣才能達到高明的境界，挖掘的東西才能又深又廣。如此寫成的文章，不但不俗不浮濫，且可下抵河嶽，上達日星，是極輝煌的佳構。

我這一本散文集《孤鳥飛行》，從民國九十一年起斷斷續續寫了十年，就是朝自己熟悉的校園故事去尋找有趣、發人所未發的事件來寫，除了讀後得到樂趣之外，也希望對教育問題的探討，引起熱心人士的共鳴。進而研究正確的教改方法。六百字左右的小短文，則是對世事的所思所感，企圖用最少的文字，引來最大的關注。如共產主義國家為何紛紛解體？麻原彰晃為何能宣教吸引人犯罪？翁山蘇姬前後面目如何？都融入在小短文中而未直指其事。

散文人人能寫，但要寫得好並不容易，我雖年過七十五歲，但仍在用心閱讀、思考、關注世事，努力書寫，盼能有益世道人心。有人問我是否自認為自己已成熟了？（是因為我的筆名嗎？哈！哈！哈！）我回答說：沒有，那樣就老人痴呆，不會進步了。我要用今日之我，否定昨日之我；用明日之我，否定今日之我。每天都在尋求突破我新的題材，新的文學形式，新的突破，直到停止呼吸，不能寫為止。

孤鳥飛行 目次

輯 二 微笑看人間

輯三　冷水潑心肝

輯一

孤鳥飛行

01. 腦中雷鳴

那天，成群的人聚集在台北車站東三門，領隊在吵雜聲中，儘量拉長脖子，拉大嗓門，避免一個亂字。快樂的心情在每一個人心中像氣泡擴大再擴大，每人都把昨日的不如意變成一塊塊石頭，往歷史灰燼丟。

希望之燈，彷佛在薄霧中緩緩透出亮光。領隊發給團員號碼牌，設計十分精細，車號房號人名都有，人和行李各一張，在車站交運行李，人到飯店，行李已在房中。心情可以從臉上的蘋果香窺見。

車子啓動，風景在整列專車的每一個車廂，公平呈現，只要用心，一定可以看見一層層一簇簇的風景。濱海的白色波浪，發電風車，抗議的聲浪。空氣中竟有心酸的味道陣陣傳來。

預計第一站就到高雄，住漢來，遊港遊愛河。當然春秋閣、世運場館也不會錯過。只是遊歷期間，笑聲都有一些酸腐味，同伴眼中有時有些許茫然。之後第二站悠活度假村，第三站台東那魯灣，第四站花蓮遠雄悅來，都有短暫的欣喜，有時甚至只閃過一點點的星芒。

在沉悶的日子裡，躲開心煩的時事，坐在環島列車中，忘我的航行，把一切歸零，讓顏色泛白，雪樣的白，或許髮中，不，腦中那隱隱的雷聲，或將突然抑住，不再萬蟲唧唧。

民國一〇三年六月二十二日聯合副刊

02. 鞦韆

如果我告訴人們，你們活著完全是浪費糧食，完全是沒有什麼意義，徒然增加地球的負荷，你們一定不信。你們一定訴説著，你們曾經清掃過落葉，清掃過任何汙穢，你們是如何的道德，如何地愛眾生，愛地球。而我偏偏要説，你們根本未誕生，沒有靈魂，行屍走肉，你們像風吹過，吹過水無痕。

我説著，沒有停止的訴説著，向所有路過的人訴説，像飛過的鳥禽訴説著，向蟲蟻訴説著，好像有許多東西從我體內奔出，在陽光下曝曬成灰，飛向四周，沒有什麼東西可以使我冷靜，我渾身熱呼呼，我盼望一場暴雨，即使你為我撐傘，也無法阻絕豔陽，炎熱可以烤焦任何人的豔陽。

世界，必定有什麼無形的軌道在運行，必定有什麼在某些時刻突然到達。腦海突然有一記記重錘敲打著，歷史的圖冊在書卷中閃光，在暗暗的博物館中閃光。我們是在那條歷史之河尋找起伏的曲線嗎？我們的內心有什麼東西要努力奔出嗎？

昔日有些光彩者突然遭到挑戰，祖先的事蹟突然來到眼前，是不相信的推論，把某些容易挑戰的說詞，展開在大眾之前。美豔的花朵，受到眾多揉捏，終究會枯萎。於是，所有的眾聲喧嘩起來，所有的批鬥在爭吵中進行。再沒有風和日麗了，人們相信的真理，已經顫巍巍的傾斜在鞦韆的上下起伏之中。

民國一〇三年六月二十五日聯合副刊

03.
困惑者

在都市高樓頂上，當我向四周凝望，一切便向我走來，又走出，再走來，仍然走出。上面是流星，下面仍然是群星，又有流動的星河。

晨起時一路搭車向南，就已被飛逝的事物殺傷。身後的核電廠，仍然擁有一大群一大群示威抗議者。發電風車，抗議者頻擾人仍不在少數。燒煤排碳，代替能源……所有的問題都從毛孔下面升起，引起寒涼，腦中下著微雨，窗玻璃升起了濃霧。

天上的星星閃爍著無解的訊息。想著，船必須遠航，希望的寶石在夢中。思想觸及某種微光又熄滅。鎖不開就是不開。天庭開始暗了起來，星光逐漸隱沒。下面流動的星河，逐漸不動成為定點光圈。

明日或許是眾多無辜者的受難日，鮮花綠草已不在眼前，一些所謂智者，常常把早期的先見之明，變成日後的災害。所有的呻吟之聲，都肇因於那些智者格外喜歡創造響噹噹的聲名。

受難者的成群在冷清的街巷前行，那一群令他們佩服而為之捨命追隨的智者，已遠遠的登上名人之鄉的高山上，令人仰之彌高，無法接近。

我從樓上下來，走在暗夜的都市，回首望向早先站立的高樓，它竟沉浸在一片片鼾聲之中。而建築的鶴立姿勢，仍然與天體的對應，有一定的高度。而我的頭顱正欲凌空飛起。

民國一〇三年七月二十日聯合副刊

04. 蛹

何等的新奇啊！第一次坐火車通過南迴，如此便完成全島繞了一圈，銜接了早年來往北迴，以及更早的北宜和西部幹線。火車如蟲子，在島的體內鑽進鑽出。假若全世界是一個人體，假若人體中有鑽進鑽出的各種蟲子，我忍不住全身戰慄。在火車出山洞時，我瞥見山邊樹林的枯枝上，停立了一隻白鷺，彷彿宇宙微小的一滴清淚。

火車在山洞中穿梭，車輪的震動產生某種固定節奏的律動拍子，我感覺到好像有一個指揮家用指揮棒在敲我的腦門，也感覺到有雕刻家的雕刀在我身上做某種浮雕，多麼細微而難忍的痛楚，尤其是腸子中彷彿也有蟲子在前進蠕動。我注視著同車的旅客，驚異的發現他們竟然如此怡然自得的聽耳機音樂，看書報或打盹。

我勉勵自己不要如此虛無，不要感到一切都茫然，不要滿腦子死亡意象。我不是要到後山去看最後一塊淨土嗎？我不是要去看卑南文化館嗎？我不是要去挖掘先民的一切嗎？黑的白的光在窗玻璃上映現如矢，我彷佛剛要由母親子宮出來面對世界的嬰孩，對著這迅速飛逝的景物，茫然不覺。我希望自己如嬰孩面對紛亂世界無邪無覺。

台東到了，旅客忙著整理行李，車內突然忙亂了起來。我的行李仍然在架上，何必急呢？不是到了嗎？弦月早就出現在天際。我希望聽到不一樣的音聲，沉醉到不一樣的氛圍，呼吸到不一樣的空氣。讓四野的蟲聲，治療我那多年的不治之症。尤其是腦中那嗡嗡的蟲鳴，或許會從黑暗中破空而去。

民國一〇三年十二月十四日聯合副刊

05.
哲人日已遠
——弔念詩壇祭酒余光中

詩壇祭酒余光中先生於民國一〇六年十二月十四日病逝高雄，我一看到消息，立刻在臉書發佈致哀追悼。我從年輕時即喜讀余氏作品，不論詩、散文、評論、一定找來拜讀、有時還寫下心得。最早一本《中學新詩選讀》，就賞析了他的〈守夜人〉，〈等你在雨中〉。第二本由爾雅出版的《詩的播種者》，也賞析了他的〈不忍開燈的緣故〉。第三本《大家來讀詩》，也賞析了他的〈你想做人魚嗎？〉整篇的研究則有《靜觀詩海拍天浪》，書中的兩篇〈詩壇祭酒余光中〉及〈繆思最鍾愛的右手〉。

及一篇收在《書香滿懷》中的〈余光中的文學成就初探〉。可見我因喜愛余氏作品，受益有多深。

對一位惠我良多的詩人作家，即使死後歷史定位仍〈暗潮洶涌〉，仍無法阻止我的悼念。現在我就約略談談他的文學成就來聊表我的哀思吧！首先要談他對現代詩的貢獻；他的聲名除了因學術地位崇高之外，大部份仍奠基在他的詩作上。我曾在文壇二五一期林文義主編策劃的《余光中討論專輯—透視桂冠詩人的感性世界》。討論受邀者有李瑞騰、蕭蕭、林錫嘉、陳寧貴、陳煌、張雪映及落蒂等七人中，我發表余氏四點貢獻：(一)、努力替現代詩找正確出路。(二)、用心塑造新的節奏和句法。(三)、替華文文字注入新的生命。(四)、發掘新人。這只是比較大且重要的。文字中論述、舉證甚詳，在此僅列大要。

有人說余氏的散文比詩好，是見仁見智的問題。不過好是沒話講，他的散文，仍然活用文字，常另闢蹊徑，不走前賢老路。學則引用古今，意則翻空出奇，擅用比喻，鑄造警句，有時幽默機智，有時沉鬱雄渾，讓人嘆為觀止。

《火浴的鳳凰》收集甚多名家作品，在其導言中就大大的讚賞一番。《璀璨的五彩筆》乙書，更有過之。所美言讚賞，幾乎都收集在該兩書中。當然後來有寫傳記的，也有編〈悦讀余光中〉詩篇、散文篇的，研究專著就更多了。

至於論文，也是獨樹一格。每有專門選輯出版，余氏總序非他莫屬。將來研究近百年的文學者，其論文一定是重要的參考資料。一位年輕剛出道的詩人、作家，若請他寫序，一經品題，則身價非凡。只是求序者太多，可能沒有通過其法眼，也難照辦是肯定的理由之一。只要他寫了序，就是品質保證。

余光中的歷史定位留待時間的決定、考驗。但他的詩、散文、評論之深受喜愛，影響深遠則是事實。他在〈創造〉一詩中曾如此說：『給平凡的時代一個名字；／給蒼白的歷史一點顏色；／給冷落的星系一縷歌聲。／在字的巷中遇見了永恒；／在句的轉變處意外地拾到／進入不朽的國度護照。』

又在一九六一年的『狂詩人』中如此說：『已向西敏寺大教堂預約／一個角落／作我永久地址／我的狂吟並沒有根据／偶然的筆誤／使兩派學者吵白了頭。』兩段詩中提到『不朽』、『在西敏寺擁有永恆地址』，即預言自己必進入文學史。

你欣賞讚美也好，你罵他，咀咒他也好，他是走了，揮一揮衣袖，瀟洒的走了。「哲人日已遠，典型在宿昔。」他應該是留下了典範。

06.
祈禱者

那是一種信仰吧，堅定而莊嚴的執香禱告，眼神專注，香煙裊裊隨風而散，禱詞也飄向空中。一種偶然，燒金紙的風向，竟然讓金爐口像點鈔機，一張張的飛進爐中。老百姓相信是飛進神明的懷中。安慰反向飛來。

只能如此了，極其單純的願望，一趟路老遠地跑到南台灣，向最大的土地公——福安宮祈求，祈求五穀豐收，六畜興旺，如此而已，如此而已，每一個人的眼神散發出虔誠的光芒，十分潔白的光芒，非常非常微小的願望。

其實他們好擔心啊，往往有一種隱形的光芒，像鈷六十一樣，照什麼死什麼，照什麼壞什麼！而我們的力量何其薄弱啊！他們向神明呼喊，幾近求救。那一種隱形的力量逐漸形成之後，即使遇到岩石鋼鐵也瞬間成灰。他們向神明呼喊，以一張一張的金紙向神明訴說。

啊！他們說早年就是弱勢，智力不如人，空有蠻力何用？我們是泥中之泥，軟中之軟，薄弱的身軀哪堪強風的吹襲？早年沒有意識到那只是小小的微風，哪知到如今變成狂飆颶風？橫掃千軍，讓他們幾至片瓦無存。

他們向神明喃喃自語，本來就靠天公、靠土地公才會有收成，如今時代的巨浪襲來，變身不及，即將滅頂，如何祈求神明啓目而觀，側耳傾聽，即使是一小點微雲，即使是一丁點雨聲，即使是一點點關注，一點點垂憐。

除了在此祈禱，我們向誰訴說，有誰看到我們這一群來自遙遠之外的遙遠塵泥？有誰知道我們如身在金爐中的火中之熱？他們說著，祈禱著，火苗一直上升，直達天聽。他們衷心認為，應該會直達天聽。應該的，他們認為神明無所不能。

民國一〇三年十二月十九日聯合副刊

07. 路過遇見

我們與海深深對視，車子停在路旁，與山壁成縱坐標排列。海岸線以不尋常的美吸引我們，但也只能遠觀，不能近看。那些廢棄的九孔池，像美人臉上的胎記，一片青汙。在暗夜中會使人瞿然而驚，害怕而奔逃的恐怖殘垣。

宜蘭平原的沃野田園，正有一座座民宿、農舍，或者所謂別墅正在蠢蠢而動，欣欣向榮生長，一棵棵像雨後春筍冒出。一切有違法，往往如爬山虎，爬滿整片山林，枯死所有原生種草木，如野火經過，一發不可收拾。無從追索的失職人員，過時法令，如棄置生鏽腐蝕的刀劍，棄置在荒郊野外，山谷峭壁，險灘河灣之中。過往的一切，往往讓人無法收拾，不知如何善後，只能對著火焚過的原野浩歎。

眾人彷佛不在這一切之內，一切與自己無涉，仍然在深澳海濱，大啖海鮮。雖說巨型深海魚有重金屬，但一旦放在餐盤中，杯酒恍惚中，誰記得這些？誰還記得古琴中幽幽彈出的清音，誰還記得往日風簷展讀的古書說些什麼？誰還記得專家學者的諄諄告誡？一切都飄散在風中。

車過福隆，海濱音樂祭正喧鬧。我掏出包包中的歷年報導，商機無限，青春無悔。年輕的歌聲直上天聽，連上帝都笑了。而海濱泥土上的垃圾，踩在人們腳下與汙泥結成板塊，一塊塊在我心田滑動，撞擊我痛楚的心扉。其實在音樂響起之前，在人們熱情未燃之前，大家冷靜的商議，訂定的規則，往往如高空的煙火，一閃而逝。我的車子悄悄的駛過，音樂噪音，逐漸被拋置腦後。相信來年一切，依然照舊。

民國一〇四年一月二十七日聯合副刊

08. 大腦飛翔

閉上眼睛，史前博物館和原民文化館所見，遂一一展現在眼前。那樣原始的工具，石刀、石斧、箭簇……然後是現代化的工具，尤其是高科技的產品，特別是便捷的交通工具。照理，現代人應比古人更幸福快樂，太平洋上吹來的貿易風，隱藏著層層暗喻的主題。

從卑南文化館再到初鹿牧場，一片正開的櫻花林微笑迎接我們，宮庭特有的馬車，載著我們從冰冷的心緒中走出。幸福的係數，在吃鮮奶冰品中，頻頻上升，竟感覺一切彷彿仰賴製造。所有的美都經過美容手術刀。

我們從現代的感覺，想像著返回原始。靈魂深處，有純樸粗糙的日子，正在撞擊華麗豪奢的一切。在大理石亮麗的展示店，人們貪婪的搜刮各種寶石精品，而我腦中卻一再出現禿頭的山林和破損的河川。在玉石的轟擊下，我的腦中頓時沉重無比，感覺喘不過氣來，乃輕輕拍擊後腦勺。

正在梳理紛亂的思緒，企盼痛苦的指數，可以裝上翅翼，從糾結在腦中最深處的核心，飛翔而出。車子已漸漸駛向海濱小山上的白色飯店。彷彿歐洲古代宮庭的金碧輝煌，正高高懸在我們上方，仰望時自己的身體慢慢膨脹，再高大而至雄偉如古羅馬皇帝，一種迷人的香氣，竟讓自己忘了是在21世紀，面對到處抗議示威遊行的聲浪的現代。實在不願眾人皆醉我獨醒，但朋友們太快忘我了，他們都已沉醉在迷人的醇酒音樂中，好友拍拍我肩膀：想那麼多幹嘛？把一切保留在古書之中，劃分現實與夢境。

民國一〇四年一月二日聯合副刊

09. 囚鳥

當然可以看到我逃出困境的狼狽。當然你也可能和我同在一處境中。當然海風有一種苦澀的鹹味。當然我們都陷在一片潮濕的腐味中而且不明所以。

那日參加一個旅行隊，來到這南部海邊的度假村。屋舍躲在一片樹林之中，樹林靠近藍色的大海之旁，大海波音回應著成群的鳥聲。那是多麼迫切的希望有完美之境。

你當然可以看出我把無盡的憾恨忘在昨日，忘在昨日擁擠的人間。那是一種拚了命做最後的呼告。然而，一切彷彿埋在堅硬的石層中，無法動彈。如同那個把青春交付給先生、家庭的女子的無法釋懷的憾恨。

本來想凡物必有用，凡人必可以奮力一搏，凡鳥必可以飛翔。不料最後卻成了被剪了羽毛的鷹，關在籠中的鴿子。

走在度假村的小徑，遇到的都是年輕快樂的笑聲，尤其海邊的衝浪喧譁，更讓我感覺彷佛自己是來自外太空另一星球的人。眼前景物也彷佛飲了過量的酒，一切都在我眼前晃動了起來。小徑也如同一條吞進五花八門食物的腸子，對我冒出許多奇奇怪怪的笑聲。眼前出現許多彎曲迴旋無盡的路。

多麼暢快，吵雜聲不再，腦中的雷鳴不再，五分殘的月高掛天際，彷佛我昨日蒼白的臉。那憤怒的嘶喊逐漸細小，心中也似乎有一種舒坦的涼意。濃重的鹹味海水越過海岸線親吻我的腳踝。我知道或不知道的事，都不必告訴我。海岸線已退得很遠，明日的太陽正在升起。那鐵籠子四周的鐵條正在崩落。

民國一〇四年七月五日聯合副刊

10.
焚城後

那是一種什麼樣的面容，時時干擾我心的平靜？他們推湧小小波浪而後累積成洶湧巨浪。那樣的巨浪，我無法預估他們何時退潮。

有人趁著混亂點起漫天烽火，有人大喊要剪掉傳統的臍帶，有人以各種變質的話語迷惑大眾。這樣連街景也成了善變的畫面，一切都在變，迅速以各種面貌呈現，讓人目不暇給。

許多人造成了社會的病害而不肯承認，許多人都說他們的努力是為了自己的兒子，甚至是孫子，許多人盲目衝動的表示自己新穎的見解，而不管是否對症下藥。許多人緊張、暴躁，要衝破一切。他們不管破壞後如何重建，他們有人撞頭捶胸，他們有人大哭大笑，他們咬掉現實去找幻夢。於是有人被拖著上街，展示這些人赤裸裸的身體，在身上塗上各種汙辱的字眼。這些人渴望挖一個地洞，或像鴕鳥把頭埋進沙堆裡。他們的腦中出現了一片片汪洋，一片片滿是死魚的汪洋。他們已無力咀嚼，否則他們會咬掉自己的舌頭，避免昧著良心，被逼去說一些自己不願說的話，他們後悔沒有躲在家中，緊閉門窗，把自己安全的關在家中，忘記屋外的血腥。

後悔著，預估著，拖著沉重的腳步，踏過無數的屍體，城市焚燒後的灰燼，還有飛散在廢墟中的你兄弟的骨灰，我父母的心血。罷了，罷了，四面響起傷心的哀樂，一切因而衰頹枯萎，碎瓦枯藤間瀰漫著人們的啜泣。

民國一〇四年七月十二日聯合副刊

11. 命名

陣陣涼風拂面而來，海的聲音越來越遠。有人知道這個廢棄火車山洞的源起，便滔滔不絕的訴説了起來。年輕的學生從旁迅速騎車而過，一群一群，速度加上笑聲，飛揚的青春。山洞壁上有一幅幅原民式的圖騰，誰解其意？不必太刻意去強解，就讓它一直自然的美在那裡。也許每一個人有一天都會忽然發現，原來歲月也曾在我們的臉上、身上、手上、腳上，每一寸肌膚都刻上時光的圖騰。

一面走、一面看、一面聊，終於看到另一端的出口光線。洞口外似乎展示著某些盛會，有人討論著洞口的三個字，不知其意，是古體字，或甲骨或金文或其他書法體，一群老人嘰嘰喳喳七嘴八舌，彷彿春天出谷的黃鶯，更是稻穀成熟時的痲雀，反倒是群群年輕小伙子，又吃又喝，打打鬧鬧。正討論間，有一個朋友發現旁邊有一告示牌，原來是「制天險」三個字。這就是了，人們從古時候起，就一直想制天險，於是高山公路，從島的中央，一條一條的開挖貫穿。後人研究，生態，水文，動植物，受害無數。人命更不知犧牲凡幾了。制了天險，其得利乎？損失乎？

那群年輕的小伙子，和一大票鶯鶯燕燕，打打鬧鬧，他們高呼這才是青春，這才是生命的樂音。臉上展現著笑容，衣襟在風中飛揚。他們的長輩辛苦的代價，換來他們燃燒的衝激。他們的長輩說，過去我們太苦了，我們失去太多了，我們沒有的，不能讓孩子沒有。於是他們的血汗，如先民們開山築路的「制天險」，但要如何命名呢？專家們，請給一個響亮的名字吧！給這樣的世代一個好名字。

民國一〇四年九月七日聯合副刊

12. 賭盤

終於散戲了，孩子，你的眉宇間為何仍然長鎖不開？那些和你一樣年紀的演員，在盡情演出之後，臉上展現愉悅的容顏豈是你那憂心忡忡的樣子？我無法明白，你的心將向哪一個方向而定格？你真是永遠那麼躁動不安？永遠有一顆騷動的心？

每一個世代的人，口袋中都擁有十幾顆幼稚的骰子，可是每一個世代的賭盤都不一樣，你那無邪的眼神，豈能預知擲出幾點在命運的賭盤上，你知道它告訴你的往左走或往右走何者正確？在陽光炙熱下前行，或者暗夜中摸黑前進？

你鄰居的老奶奶，每年五月里長送來一枝康乃馨，她都淚流滿面。

數十年前長子為了理想，擲下命運的骰子，至今沒有任何音訊。有的，只是新聞媒體報導，某大國崛起。老奶奶在暗夜中，常向夜空詢問：兒子，那真的是你擲出去的骰子所締造？那真的是你的夢想？老母親的淚水，早已流乾。今年的母親節我仍然看到老奶奶喃喃自語。

整個世界都在憤怒之中，都有一群一群的人在擲命運的骰子。歷史的畫面，電視節目不時溫習一下，有人噙著淚看某些王朝以人骨頭顱建造歷史，有些人顫慄於一再重複的血腥鏡頭。而我們，真的要一直面對這些？什麼時候，那些畫面之後將升起一輪明月？什麼時候我們會呼吸到一點點和平安靜的空氣？

我望著擺在我面前的賭盤，一時無言以對。

民國一〇四年十月二十二日聯合副刊

13. 聾的那刻

重金屬的音樂響徹海邊，尖銳的嘶吼引來海潮一陣陣推湧。酒精液體在熟悉的軀體中亂竄。電吉他把各種世紀混亂的組曲推進人們的聽道。雪白的肉體攻占了所有的沙灘。遠洋漁船的外國漁工，遠遠僵臥在外海的甲板上。

遠離人群的孤單客，遙望著那條無法滿足他更加遠離的船隻，遂悲傷的獨自哭了起來。海邊或許已沒那麼鹹濕了。趕熱鬧的人群，開始舞動蛇一樣的軀體，讓噴火的舞姿，把胸部在人們的眼球中拋來拋去。他們開始架設一切自己可以設計想像的架設，他們開始發揮原始的本能。

人群之中衝突無法避免升起各種騷動，但各種最原始的打鬥中，年年周而復始循環著一種沒有約定的約定。他們說自然界的食物鏈，本來就不必人為去干擾破壞。他們也有一定的呼吸和節奏，你何必徒然煩惱不必要的煩惱。船到橋頭自然直，帆會因風而升起或降下。心臟跳動的頻率會隨需要而加速或減緩。除非無來由的亂跳，你才要擔心。

反正世間的一切都彷彿鐵路或公路，有一定的行走軌道。高山流下來的水，遇石頭會轉彎。行不了的政策會修改。熱了要脫衣，冷了要穿衣。你煩些什麼煩？何必兩手緊握，斜眼的看我？不如看看兩條雪白的大腿搖曳的舞動。把一個無法實現沒有人性的目標高懸在那裡，彷佛釘死所有的門窗。那時你只好把風景畫在窗外的隔板上，假設自己仍在眺望遠景，那樣的自我麻醉。我們已沒有任何選擇，只能讓那有力量的手，把我們捏成或塑成他們要的一切。重金屬音樂又攻占了我的耳道，你說什麼我都聽不見。

民國一〇四年十一月二十九日聯合副刊

14.
白髮飛起

大家都不知道日子已於不知不覺中伸進不平順的境地，還在那裡享受桃紅色的夢境。就在那驚覺的瞬間，歲月已用敵人奇襲的旗幟，占領了我們的周遭，即使再不習慣那種潮濕的季候風，也只好痛苦和著辛酸吞下，如一杯苦澀的酒，而後在一片茫然的鳳尾草中等待。

努力的搜尋著，終於在某一個春日的午後，看到一片花海，沿著山腳的農地，一畝一畝的盛開。我在空空的行囊中，放入一朵剛摘下的野菊花。心裡想著，或許，我這一生就不是一切都空白了，一無所有的我，至少有一朵野生的花朵，屬於我；至於，你如何認定，那就隨你意了。

我是不是一個好的旅行者，筆記本或腦袋中，有沒有記下沿途所見的一切，來日我會坐在黃昏的古井邊，一點一滴的向你傾訴。此刻唯一可能知道我心事的，只有那一顆星，永遠閃爍在我心空中的那一顆孤星。

幾十年了，那一顆可以讓我分辨黑白，分辨可行與不可行的那一顆星，一直在遙遠的心空的邊陲忽明忽滅。年輕的歲月裡，日子一直在苦悶之下過著。戰爭時不時威脅我們一下，穿草綠色軍服的朋友們，一直在鐵絲網邊等待，等待脫下野戰服的那一刻，他的夢想的日子，終於乘著旅美班機而來，我們在機場和他揮手，看他絕然而去。

日子真的在不知不覺中回到不平順的境地，他在數十年後回來了，我在激動的情緒中緊握著他也是激動的手。我知道他是屬於激越昂揚的，他已經飛起的白髮告訴我，他將帶領年輕的後輩們飛翔起來。他告訴我：「他們會和你不一樣。」

民國一〇四年一月十五日聯合副刊

15. 劫後

劫後一片慌亂，尋找的不是孩子，尋找的是一塊發霉的麵包，廢墟中，有人找到石塊，猛敲自己的頭顱，有人找到鐵釘，狠狠的釘自己的手掌。噴火的眼睛，火山爆發的紅。狂亂的奔跑，煙塵四起。每人心中都燃起零下千度的火焰。每人都渴望變成無感不覺的石頭，任人踏在腳下的泥土。回首是一段痛楚的旅程，未來仍然如此不會改變。那還存什麼盼望啊？那我還像孩提時企盼擁有新鞋？

聽啊！用心聽啊！那朝朝暮暮在公園可以聽到的歌聲哪裡去了？只剩風聲了吧？只剩訕笑的風不停的吹吧？我走那扇已被打碎的晶亮雕花大門，想找服務生點歌，點一首〈心事誰人知〉，但是，裡面空無一人，連燈光都沒有，一片漆黑。恐怖，死寂的恐怖。那哭吧！狂喊吧！

誰聽見啊？

冷啊！自不知何處的冷點冷起，眼見的都是如殯儀館中紙糊的人，待燒的房舍、汽車。阿飛們的重機哪裡去了？心中一串串疑問，便向前問一棵直挺挺的樹，它冷冰冰的沒有理我，兀自把頭伸向茫茫的天空。啊！許多花店不再有代送情人的玫瑰，寵物店都是瀕死的鳥雀貓狗。

有人宣稱世界末日，有太空船可以接難民們到另外一個世界，那裡如桃花源，有陶淵明描述的一切，不會放眼望去都是縞素或白花，不會有口水氾濫的長河，淹沒歌聲笑聲，扼殺人們純潔的靈魂。菌子們無法時時刻刻滋長，無法一直心懷叵測閃動陰惻的眼睛。鐘鳴數響之後，恐怖的森林便轟然後退，你不會再虐待自己給自己看，你可以靜下來喝水，如通過一片長長的沙漠一般喝水，啊！那變成夢中之夢啊！寧願被那人欺騙了，真的心甘情願

民國一〇五年一月十九日聯合副刊

16. 日子

走在海堤的外面，海浪洶湧的越過海堤，以百米的速度，把我衝得翻滾了好幾次，連滾帶爬，狼狽的窩在一塊巨岩邊，詛咒著那潑辣的水花。想著連日來不是也在社會的大海中衝撞，閃得過右邊的惡浪，卻避不過左邊的懸崖，常常在狹縫中，僥倖存活著。

往往背著手來回踱步尋思，晶晶亮亮的日子已過得好久好久了，那蘭苑草坪上的微風，不時吹亂妳古典的秀髮，有時惡作劇似的，突然以一陣旋風，吹起妳有節奏擺動的裙襬，讓妳措手不及而羞紅著臉。那情人步道的相思燈，往往為我們詩意地明亮。下著微雨的晚上，牽著妳冰冷的小手，那種感覺，常在我撞得頭破血流的夜晚，回來撫慰我極度受傷的心靈。

已過了好久好久了，我的日子都是黑的白的交互閃動的過著。就像一般人的白天與黑夜吧！白天要出去面對現實，面對各種刁鑽的門，有時要把頭拉得細細長長尖尖凸凸的鑽過去；有時又要把頭捶得細細扁扁的才能通過那細細如夾縫的門。那些無形的門，我已一再越過，真是一回首已百年身啊！

已過了霜寒的季節了，身上所有細胞都累了，坐在人行道上望著車水馬龍，那裡面不是也有好多年輕的自己，好多中年的我？他們是不是也在受傷後，回到家中沙發上，懶懶地垂下四肢，懶懶的看著電視，讓一些肥皂劇，一些低俗的笑鬧劇，還有一些八卦來麻醉自己？

民國一〇五年四月十二日聯合副刊

17. 缽

知道這是最後決定的時刻了，人們聚集在廣場上，各有各的心思，但每人都盼望自己唯一的念頭，唯一的心願能在此刻實現。只是，那真是自己的心思嗎？彷佛在自己內裡，也彷佛來自外面的影響。而我看到的是一片危崖，許多人含悲，許多人怨恨，更有許多人憤怒要往下跳。

突然一陣寒意自心裡升起，年年的征戰之後，還是征戰，一個朝代的興衰接替另一個朝代的興衰。所有道路所有的田野，所有的房舍，都曾是古戰場，都曾經血流成河，而無辜的人們，除了四處奔逃外，就是死亡，就是骨肉分離。想著這些，看著前面人群的激憤，遂茫然四處亂走起來，嘴裡念念有詞，卻無法組織成句子。甚至人們以為瘋子在胡言亂語，把我趕到牆邊，我遂瑟縮著。

眼看著一波波如浪般洶湧的人潮，任何銅牆鐵壁也可以摧毀。於是許多人躲進黑暗中，如躲在忘川之畔，眼不見為淨。許多人更躲在童話世界，有人更躲在羅密歐和茱麗葉的世界。有人更背著背包，帶著家當，遠走天涯。我看到一只破缽棄置在路旁，不曉得誰把它棄置在那裡。

我們也不知道是誰的縱容，是從哪裡來的膽識，人們衝破這、衝破那，到處敲打破壞，於是面對一片殘破，我們哭泣了再哭泣，直到哭不出淚來。所有東西都壞了再建，所有建設都一延再延，所有外來的投資都撤走了，所有工商業都停頓，人們只能在廢墟中作夢，夢見金援從天上掉下來，夢見河裡的石頭都變成黃金，我底心遂陣陣淌血了。

民國一〇五年六月三十日聯合副刊

18. 憂心者

向五號高速公路走，通過雪隧。你緊握方向盤，眼神似乎有些茫然。隧道牆壁某些壁畫，某些告示，靜默地向後飛逝。據說假日往宜蘭，收假回台北，常常一塞就好幾小時。還好，我們的行進正常。只是一些心事，仍在靜止中進行。

一些先知警告，在光亮中，仍會有許多黑暗世界的勾當在進行著，如同過隧道時，那一閃一閃的忽明忽暗的感覺。你緊握方向盤時，我勸你要在黑的白的之間，搞定一個清晰的路向而不被迷惑，所以你的茫然，讓我緊張、擔心。我嘮叨地訴說著，花樹秋冬枯萎，春夏滋長。藍天有時烏雲密布，有時仍然無限湛藍。

出了雪隧，到了宜蘭平原，你看到水田中種了一棟一棟的房舍，你說這些人真聰明，很會利用法律漏洞。一塊田種了一座房屋，美其名曰農舍，剩下的造景、布置遊樂設施，一塊良田沒有了。你說這是表面智慧，其實是自我設限，建造桎梏，以後後患無窮。絕澤而魚，無水之井，如何能千百代而後，仍然有良田佳禾？

我說好友，你才自我設限，才是坐井觀天。世界之快速變化，已不只日新月異，而是分秒必爭。多少現狀已改觀你難道視而不見？你還在憂心明天以後會如何，未來會如何，大氣層會如何，石油及一些有限的資源用完會如何。我仍然繼續嘮叨著，你的車子已開到了某某度假酒店，我一問非假日優待行情，兩人的花費不吃不喝，一天的工資付不起。我們相對視苦笑，把車子開了出來。

民國一〇五年三月二十八日聯合副刊

19. 機緣

坐在山區某公車亭等公車，忘了時間，只呆呆地望著山間飄浮的白雲。想著人生的機緣，不知何時會再來這裡？

「等車嗎？」車亭旁的別墅，正有一位老爺爺在整理院子中的山茶花，開滿白色的山茶花，沒有一朵是即將萎落或任何斑點傷痕，老爺爺正在剪的是舊葉和殘花。

「是啊！在山中的民宿住了一夜，享受難得的沉靜，心靈的沉靜，現在想回去好好工作了。」

「不一定有車喔！有時一天只有一班車，有時一班車都沒有，很少客人啦！」老爺爺又認真地端詳起花來。

「沒關係啦，有機緣就坐，沒車就回民宿再住一夜。」工作不順或心煩時，常隨意各處跑跑，沒民宿，也曾借住善良的老百姓家，隨遇而安。

等著，等著，仍然只望著飄浮的白雲，仍然忘記時間。

「天快黑了，妳要到哪裡去？」老爺爺正在問一位散步路過的老婆婆。

「隨便走走，順道看看你種的山茶花，此時正是花開的季節呢！」

「喔，妳也喜歡山茶花？妳散步了幾十年，我現在才知道妳喜歡山茶花！」

「是啊！是啊！我一直沒說！」

「那，那就送妳一朵！」老爺爺細心地剪下一朵潔白的山茶花。「早就該送了！」「是啊！數十年前就該送了！」

此時，正好有一班下山的車子，迎著夕陽而來。

我也該下山了，我告訴飄過山間的白雲。

民國一〇五年六月二十七日自由時報副刊

20. 那羅詩路

一座山重疊著一座山，公路在山谷間蜿蜒。眾人的眼睛泛著高山湖泊一樣的藍，臉蛋粉紅如剛上市的水蜜桃，一切空洞如乾枯古井的不如意都已遠離。生命不再嚴重貧血。哦！好佩服這樣一位孜孜不倦的作家，只因為年輕時曾在尖石原民部落的小學教了兩年書，與兩所山區迷你小學的家長學生結緣，便投身這個小鄉村的文創造市，使原民的小米酒、咖啡配上作家詩人優美的文字，吸引觀光。

兩部遊覽車從台北下來，一部遊覽車從台中上來，總人數約一百多人，加上前來「尖石櫻桃季」觀光的遊客，一時那羅溪畔便熱鬧了起來，原來山谷間一片荒蕪之地，竟然已樹立了許多詩碑，除了詩人作家外，連名演員梁修身也獻上了祝福的話語。詩作平民化已在此實現，將和一棵棵盛開的櫻花、桃花一起點燃。

鄉長雲天寶先生，外表平凡普通，卻有一個不普通的夢，那就是要讓貧瘠的山村富裕起來。他一大早沒用餐，空著肚子就趕來會場，安排四位部落出身的校長，以優美的歌聲迎賓。安排年輕族人學生，以原民歌舞展現誠意。有心為族人造福的雲先生，從那羅詩路開始，為部落尋找生機，把山崩土石流水災的噩夢驅離。

好一個熱鬧的櫻花桃花祭，好一個高雅的文學夢境，鄉長介紹大家認識泰雅文化，並推出一本泰雅語文的小說，讓這一位曾經在尖石當過兩年教師的作品，讓陳銘磻的名字長存於尖石山中，長存於泰雅族人的心中。

民國一〇五年四月七日自由時報副刊

21. 執念

從擁擠雜亂眾聲喧譁的地方出走，心中卻無法忘懷那養我育我的土地，於是頻頻回望向日葵渴望陽光的屋頂，便以一種在青苔上行走的細碎小步子舞曲，前三退二的狐步起來。啊！那曾經是各路英雄繫馬停歇的地方，那曾經烈日焚燒，裸露焦黑胳臂，大口喝酒的地方，如今被一種不知如何訴說，即使講也講不清的悲懷洶湧氾濫。

於是舉傘遮陽般的把烈日推開般的暫時以小小的傘影拒絕那種悲緒。我混入一個旅行團，到達一個從未到過，非常原始的地方。那裡的老街四四方方，到處都賣著閃亮的銀器，許多店中都打著他們特製的鼓，節奏輕快單純，把我從瘟疫的國度救出，放在自由奔跑的畜牧場狂奔。

走上萬古樓，心懷萬古憂，我喝著小粒咖啡，特有的風味，把我心中的柵欄緩緩拆除，把一直鞭撻我心靈的某些事物暫時閒置，或拋之腦後。細品沉思中，慢慢理出世事本來有些就金屬外表，敗絮內裡。我向這些遠古建築致敬，它們曾經戰火，各種劫難焚毀重建，我撫摸牆壁和它傾心交談。我眺望烏黑的瓦礫，與其互訴衷腸。

有商人牽馬邀約走茶馬古道，於是便欣然前往了。那多年來企盼要知道的事情，終於可以前去揭開真相。馬走在崎嶇的小小步道，互相呼應前後的山歌此起彼落。我空手騎馬，只有馬兒辛苦費力的爬上爬下，忽左忽右穿梭在叢林中，我終於體會到了，有些人真的生活在困境中，我還有什麼委屈不滿呢？想像中的各種商隊，不都如此嗎？我心中的念頭也在轉彎。

民國一〇五年十一月十三日聯合副刊

22. 再回金門

關於「前線」兩個字的意涵，已經和昔日不同了。氣氛和衣著的遞變也已大異其趣。我走著，滿目所見，不再是草綠色，表情不再嚴肅、恐懼。那些冉冉而去的戰地荒涼，已被穿著各色鮮豔洋裝的仕女和青春男士的呼吸所取代。我腦中的死亡意象，也隨著坑道的遊人任意進出而遠去。

幾十年的變化太大了，今日之來與昔日駐防，當然不可同日而語。今日是一群詩人藝術家，應金門建縣百年詩酒文化節而來。昔日部隊在此，卻人人心思各異。有思念兩邊親人友朋的，有恐懼砲彈襲擊、水鬼摸哨的。而今日來人的心情卻是熱的，即使在酒窖坑洞中也熱情洋溢。

往昔常常來自內心有轟然之崩，也常常有紛亂的消息襲擊外表平靜的戰友，盼望的消息竟然有時來自所謂的匪軍廣播、宣傳彈、空飄。有一位自稱鬱卒的后羿，每天喃喃自語他的嫦娥奔月去了，原來是早一步留美，奔入別人的懷抱，即所謂「兵變」。我們笑他非常不男子漢，每夜對著夜空飲泣，然而，如果是自己呢？或許比他嚴重，不但酗酒而且痴呆瘋狂亦未可知。跳海更是極大的可能。

詩人畫家揮毫，且留下不少作品展示，陶瓷上更有許多名家作品，展覽館中歷年作品已占滿了好幾間展示廳。而此次最風光的要算鄭愁予詩人了，他在金酒展覽館中為大家談詩談文學。尤其以金門籍作家的身分，在金門大學歡迎詩人洛夫到金門大學為自己的詩碑「再回金門」揭幕，成群詩人藝術家都是賀客，以熱烈的掌聲讓洛夫在詩碑前留下他「再回金門」的身影。他的詩作也寫出了他對金門今昔對比之感觸，讀之無限感傷。

民國一〇四年三月三十日自由時報副刊

23. 梅山文學步道

那年我的年紀很輕，心中懷著純潔的夢想，便背著簡單的行囊來到這山邊的小學教書。那年冬天，梅花開了，星子穿著一套雪白的冬衣，來到學校找我，我帶著她沿著梅山公園的小山坡，穿梭在梅花的潔白與清香之間，我心中本以為可以航向平靜無波，也是芳草鮮美的國度。

豈料，梅花開後的春天，天際打了一聲沉重的悶雷，星子的父母嫌我學歷太低，薪水太少。於是幾十年來我都不敢重遊舊地，梅花的清香潔白也只時時在我心中浮現，山邊的小公園、小學校也只有在夢中依稀恍惚。大學一年級時，遇到後來和我相守一生的靜帆，往往靜靜的聽我訴說這一段沒開花結果的故事，並笑我痴。

前年的某一天，突然接到嘉義縣文化觀光局的公文，說要為縣籍作家在梅山開設文學步道，每一位詩人、作家都有一塊巨大的大理石，都有作家詩人親筆的筆跡詩作刻在上頭，於是一切又統統回到我腦中，往事讓我好久無波的心又起了波瀾。

作家詩人的文學步道落成那天，舞龍舞獅，許多節目熱鬧非凡，許多早已仰慕的作家紛紛來到這僻靜的山鄉，好幾位我都不知道原來他們是嘉義人。台上作家詩人朗誦著自己的作品，台下觀眾給予最熱烈的掌聲。我第一個上台朗誦那首〈梅山公園〉，並訴說了那段往事，文友都說塞翁失馬，焉知非福？他們都盛讚靜帆賢慧。

在這樣偏遠的山鄉小村、小公園，設立了文學步道，配合梅花季節，許多遊客來到這裡，既提升自己的品味，也喝到道地的梅山茶。年輕人更回鄉創業，紛紛開起文學咖啡詩屋，小鄉便有質感地繁榮起來。山風從我的臉頰吹過，在陰晦的時候，作家智慧的火花，正在梅山頂上閃閃發亮。我和靜帆每次回嘉義，一定去梅山公　園看詩碑，並且品嘗當地著名的梅子雞，喝梅山茶。

民國一〇五年二月二十九日自由時報副刊

24. 驀然回首

在蘭苑的草坪上，月光底下，布拉姆斯的曲子響著。白天陽光的暴烈，艱深書本的憂悒，與輕柔的樂音，一起流洩。那些日子與久不翻閱的詩集，一起塵封了數十年，高高地放在書架上，腦門外。晨起，黃葉落了滿地，拿起掃帚，與年輕的日子，一起掃去。

數十年裡，總是在再來一杯，乎乾啦中混過，用混這個字，朋友都說頂傳神的。因為每日都與錢鈔擁抱，到頭來卻只有擁抱滿懷空虛，什麼也沒留下來。把一切浪擲在杯觥交錯中，剩下的只有腦滿腸肥，體檢滿江紅的數字。數十年來，常在調頭寸跑三點半中匆匆而過，沒有時間靜下來後悔。

當然有時也想與一群優遊自在的人士，去高原馳騁駿馬，去山涯迎接悲風，但那種浪縱四海的寫意，往往被閃電的訊息追回，一通公司急難速回的急電，讓你的天邊飛雁，突然殞落在萬里的狂沙中。

驀然回首，還是那青澀的歲月最為美好，什麼也不必說清楚，更無須詳盡的計畫，拉著手說去就去。一輛破腳踏車，也可以環島旅遊，沒有細想途中會發生什麼意外。許多人互不相識卻如認識多年的老友，互相照顧互相扶持。單人孤單在海邊深山露宿也是家常便飯。

早年嫌棄的騎竹馬的日子，綁辮子的日子，後來竟在開名車超跑重機中，變成好追懷好想念的日子。就像早年住竹籬笆軍眷區的友人，重回已變成高樓大廈的舊地，不免掉下失落的淚水，還是想念那些閃亮的時光。

民國一〇五年七月十七日自由時報副刊

25.

烏夜啼

我如何敘述那個年代呢？那個我認為雪白的年代而某些人卻把它塗得黑漆漆的年代。任何船隻都只有定定地指向一個同一的方位。風也不敢亂吹，往往只能在叢林中穿梭，遍植一些野地薔薇，或沙漠仙人掌。

在黑玫瑰與白玫瑰競放的年代，誰也不敢憧憬夕陽多麼美好。誰也不敢盼望野鳥的啼音是如何地清脆悅耳。誰也多少心中懷著恐懼，怕自己凌亂的腳印，被有心人捕捉到某些圖騰，而後人生整個崩潰。一切都不是一，一切卻都定於一。你只能在野地裡踏青，尋找都是飄忽的蒲公英，尋找同是天涯淪落人，而且不能關懷他們是否挨餓受凍，關懷他們瞳孔中存在著茫然的天涯。

誰能抵擋那看不見的風暴？誰能讓乾枯如樹枝的肢體豐饒？誰能讓土地要長什麼就長什麼？誰能讓不願離開家園的人，不到處流浪？那真是殘忍的年代，花草樹木都與泥土告別。鞋底因千里浪跡而沉落。誰的父母眉宇間不透露著傷心？誰不哭喊著找爹尋娘？詢問子女的訊息？

該有的季節花期都不開，該有的春和景明也不知在何處。夏季蓮池一片死寂。秋季野鴉陣陣飛過。人人都摸著石頭過河，希望尋找到一處幽靜的田園，有一彎清澈的溪水。人人不必強作歡笑，人人家門前有美麗的紫藤。

而那年，人人都因噤聲不敢言語而自覺羞恥，人人心中都有一把不敢燃燒的火焰。那火焰因久久悶燃，已經沒有人生甜美和芬芳的記憶，有的，只是累積強度之後的大聲爆開。夜烏哀啼著，怕噩夢成真。

民國一〇五年八月九日自由時報副刊

26. 風的薔薇

喝著喝著恍惚中，妳竟出現在我朦朧的眼前。和幾十年前一樣，妳勸我不要喝那麼多，我說就是這最後一滴了。我伸出顫抖的手，想摸妳烏黑柔軟的秀髮，妳嚇得往後蹦開，以為我仍未忘記這幾十年的憾恨。

霓虹燈逐漸暗了，只剩少數還在閃爍，街上的喧鬧也逐漸靜了下來，我把空空的酒瓶往街尾暗處擲去，驚動了黑夜中貓和狗的奔逃與狂吠。妳又出現在面前，訴說我毫無寸進，仍然酒鬼一個。我望著妳普羅旺斯薰衣草的清新，以及佛羅倫斯夜色的幽雅，突然感受到一股夜色的寒涼，澆醒我的夜露，告訴我，我是孤寂的在小島海邊。街市頓時消失，我聽見妳遠去的足音和我年輕腳步的回聲。那時我們瘋狂的擁抱任何狂風暴雨，勇敢的闖向五湖四海的掀天巨浪。

那時我們曾挑戰體力的極限，橫越暑熱正盛的大戈壁，企圖征服極地的冰寒。站在喀納斯湖畔，等待湖怪的出沒，枕著魔鬼城的獠牙怪獸，忍受土魯番的高溫。把雄心壯志的旗迎風招展。而那已是數十年前的回想曲了，妳又出現在我微醺的面前，努力的勸我不要喝那麼多。

妳知道嗎？我努力的想告訴妳，我腦中滿是尼羅河的微波，滿是金字塔的斜影，滿是非洲的叢林以及沒日沒夜的狩獵。而妳就是看不慣我喝多了的忘我形態，就如今夜我在喝完最後一滴之前，我的美人兒又在前面指指點點，別喝那麼多，喝完是一個空空的酒瓶，以及一個空空的你。妳消逝之前，只留下幾句如風的話語。那個酒鬼好友喝得醉醺醺的向著消逝在風中的那朵薔薇用力訴說著，除了風聲之外，還是風聲。從來不會有回音。

民國一〇五年十二月一日聯合報副刊

27.
逆風飛翔

那時候好年輕，你回想著，夢不只穿越一重山又一重山，有時隨便立在風口，都可以發出一次再一次的誓言。掌聲彷彿很容易獲得，一重又一重。除了心儀的少女，你一定把頭抬得高高的，把頭髮揚起得怒髮衝冠，把圍巾飄向半空中，即使掉淚，也是偷偷的流在夜晚黑色的遮蔽中，不敢讓人看見，表面上往往十分瀟灑，一副吃盡一座高山的氣吞萬里樣，一副飲盡長江黃河的雄姿英發。

那真是表面啊！其實自己內心清楚得像一面透明的玻璃，不論遠觀或近看，你都知道自己是三腳貓，功夫並不怎樣，跳再高也攀不到上帝，即使再如何努力設計，也都如古代的皇宮，美則美矣，往往一陷入，就找不到出口，衝過來是相同的一盞宮燈，衝過去又是相同的另一座迴廊，急啊！左衝右突，都是相似的宮燈，相似的雕花門窗。

那時候你最心儀的女孩一出現，往往被那兩個迷人的酒渦和銀鈴似的笑聲弄呆了，呆呆的面對一個驀然轉身似一隻蝴蝶，又婉然站立如一朵潔白的山茶花，什麼話也說不出來，你窘得想立刻跳進旁邊的大湖，把命運懸在那一跳之間。但她竟低聲說風太大了，水太冷了，她幾乎看穿你所有的心事，又說，不如寫一首好情詩。你能嗎？

於是你便高聲狂笑起來，窘到極點的肆無忌憚起來，真是狂笑如風，如巨大的風從高山上吹來，跨過平原、山谷、湖泊吹來，啊！你是個瘋狂的詩人，獨自在高山大海間狂歌大笑。是的，她說如果你笑聲再大些，風再大些，她便有一雙靈性的耳朵，再遠她都聽得見。可惜，你學歷又低，生意又失敗，債台高築，只守著一間破舊的老屋。沒用了，她大聲說：風向不對，你還能逆風飛翔？算了吧！哈哈！哈！哈！笑聲越來越遠，越來越模糊。

民國一〇五年十二月五日聯合報副刊

28. 母親生病時

那年母親頭部蜘蛛網膜出血性中風，我和妻連夜開車南下，在嘉基急診室外，緊張徘徊，只聽著四弟哀怨地敘述：哪知道會如此嚴重啊！昨日下午聽到母親大叫一聲，頭好痛，趕快載母親到她平日看診高血壓拿藥的診所，護士一量血壓近二百，醫生斥責，怎不送大醫院，這裡僅是小診所啊！設備哪夠……

於是一番檢查折騰，還是由救護車緊急轉送台大，一路鳴笛，心情上下起伏，左右旋轉，完全亂了方寸。檢查結果：要開刀，但從斷層掃描中看不出傷口在哪？哦！那如何開刀，醫生說：還是要開，不然，腦部像放了一顆不定時炸彈，隨時有危險？和兄弟討論結果：再檢查明確才動刀，但急診部有經驗的護士說她常和病人一面講話，病人卻走了，在談話之間，因為腦內出血，外面看不出來。

這真是很難下決定的一刻，十幾年前的醫療水平不能和現在相比，我們徬徨無法決定，每一個親人臉上都有濃濃的愁緒，卻在此時X光照出胸部感染急性肺炎，於是加護病房從心臟科轉到胸腔科。家人分三批早上下午晚上前去探視。中間請教了當年成績第一名的同學阿毛，考上台大醫科，已經成為名醫名教授，他說依他看，傷口只有不到零點一毫米，有可能已自動止血，肺部治療好後帶回家，有事再來。有這樣的意見，兄弟決定立切結書有事自行負責，帶母親回家。

那是第一次母親北上就醫，也是被迫遠離她生活了八十年的南部鄉下。這是她老人家一生中，非常大的改變，除了和熟悉的鄰居友人分離之外，鄉下的生活習慣和都市的嘈雜，是完全不同的兩個世界，我知道在母親心中，一定十分惶恐，她需要做極大的改變，心情得很努力地調適。其實我也沒把握母親會適應良好，而願意住下來。她常問的一句話：

什麼時候會好，可以回去？回去就是回南部之意。

我說快了，醫生說妳好得很快，不久就可以南下。記不得說了多少次，連我自己說到後來都如開車出去轉轉，不知駛向什麼方向，迷迷糊糊的一種未定界，何時會再發生出血或更嚴重的中風，叢林似的，竟然轉來轉去還是在原地。有時陪著母親在八二三公園散步，難免談話中會回憶到以前陰晦的時光，受苦的歲月，但我都盡量提光榮的時刻，有花朵綻放的日子。我說：母親，那些都過去了，都過去了。是嗎？從年輕守寡，埋頭賺生活費，養育五個都不到十歲的小孩，要長大成人，那是一種什麼樣的憧憬？什麼樣的煎熬？

如果母親是一隻孤鳥，我相信夜夜有讓人痛澈心扉的啼音，但我們都太小了，無法理解人世的沉重的腳印和不按牌理出牌的世情。母親一人獨力支撐，那是一種什麼樣的力量？我陪母親散步時，偶爾會提往日的那條艱辛小路，試探性地詢問母親，她總說：阿災，都一日光一日暗按捏過。是啊！我小時只知追逐，好玩，竟讓母親一個人獨自地抵擋生活的風暴，赤腳走在碎石路上，忍受那沉重無比的生活重壓。而陪著母親散步的時刻，竟然也是在重病之後的殘缺幸福？那天我忍不住流下淚來

民國一〇六年九月二十五日自由時報副刊

29. 走在戰地的路上

每一年到金門參加詩酒文化節，都會安排一些參觀活動，其中有一個必遊的景點就是「水頭碼頭聚落」。有一座名門望族所建的樓房叫「槍樓」，最教參觀者有感。從每一個角度都設計有槍的射擊孔，作為防盜之用。當年地處海中孤島，海盜像海浪，一波波衝來，防不勝防，有錢人家只好加強防禦工事。

二〇一四年九月，我們一行詩人在參觀後回程途中坐在路旁的石椅上小憩。那一次剛好洛夫的詩碑在金門大學揭牌，所有參加詩酒文化節的來賓都前往觀禮，盛況空前。洛夫當然感慨良多，就站在石桌旁告訴大家，當年是如何在碉堡坑道中面對死亡的砲聲。「石室之死亡」就在那種生死存亡間完成。講到激動處，洛夫差一點跌倒，還好夫人瓊芳女士就坐在旁邊，一把扶住。此時我們彷彿看見「一株被鋸斷的苦梨」，彷彿「仍可聽清楚風聲，蟬聲」。

二〇一六年九月，仍然是在金門，仍然是參觀槍樓的路程上坐在石桌旁的石椅上休息。聊著聊著，中將退役的海軍詩人汪啓疆回想到巡守海疆的軍旅生活，言談之間，不知不覺的竟發出噓唏之嘆。他說：「上船一去數月或數年，往往回來時要喝老婆泡的一杯熱茶，老婆總是說，每次泡茶，等你回來，等著等著，茶都冷了。」啓疆話中帶著多少戰士的辛酸淚。我只當過義務役，時間也只有一年多，感受不深。

管管聽著聽著，若有所思。突然大腿一拍：「我不夠資格啊！我不配啊！」大家都瞪大著眼睛望著管管。他說：「當年阿兵哥收入很少啊！吃不飽餓不死的，我有一個很漂亮很有才華的女友在辦完父親的喪事之後，告訴我，她不回美國念書了，她要陪我。你們說我配嗎？我能如此自私嗎？我三哄四哄的叫她回美國念書，將來好好照顧媽媽和弟弟。」管管這時已八十多歲了，猛擦著眼淚，應該叫老淚縱橫吧。亂離的時代，每人都有一肚子辛酸事。想到這些人或事，我笨拙的筆，突然寫不下去了。

民國一〇六年十月十五日聯合報副刊

30. 陌生人再見

真的，從妳稱呼我為悲憤詩人起，我便有掌握不住妳的感覺，妳人雖在我身旁，影子卻逐漸離去。一片葉子是否要掉落，不是因為風大的關係，而是它本來就即將掉落。妳說妳喜歡我家那邊的靜，還有四野綠油油的稻禾。可是我並不喜歡這裡，因為落後，泥土路，走起來風塵僕僕，滿面灰土，尤其我主張改善這裡人們的生活，甚至說出要抗爭才會有前途的話語，於是我們之間便有一層濃濃的霧。

霧有時讓彼此有朦朧美，但我們的實際狀況不是美，而是懷疑、害怕，未來沒有任何生活保證。本來亮麗的前程嚮往，變成一種揚起的黑煙，變成一種映象流入我們的腦海，一種惡夢的映象。曾經拿著用菅芒草梗做的綠色戒指套在妳的手上，竟然讓妳的淚終止了我們即將靠岸的行程。妳呼喊著，妳要那安靜的甜蜜，妳不要那衝撞的繽紛，而我坦白地說：我也是回不去那種息事寧人，與世無爭了，回不去了，心意已決，我是衝浪客，喜歡那起伏浪花。

是的，選擇跟誰在一起就是選擇一種生活方式。有朋友喜歡山林，關心山中的水土保持，到處探查巡訪亂開墾亂破壞的行為，哪能安於家庭，每日不是在高山中紮營，就是在野溪畔露宿。而那位朋友很幸運，在一次高山紮營中，就和另一頂帳蓬合而為一了。那是多麼美的夜晚。有流星雨滿天的夜晚。含情的眼睛，彼此注視的夜晚。而我們不是，不是同行的旅伴，而是各自奔向的陌生人，是的內心的陌生，比不認識的人還要陌生。妳終於說出，陌生人再見，我們是不會相遇相知的兩顆星球。

民國一〇六年十月十八日自由時報副刊

校後記：校對這篇文章時，突然想起有一次新書發表會，一位文友突然發問：你太太對你的文章沒意見？我回答他，不會啊！這些都是聽聞社會上的事件，濃縮而成，我們日常聊天常提及。她太了解我了。

31. 孤鳥飛行

眾聲喧譁以後，我知道再也回不到陶淵明的日子了，每天望著不斷變幻的天色，突然而起的驚雷，瞬間爆發的山洪，如何回到古聖先賢風簷展書讀的日子，如何再現古道照顏色的歲月？此時我的心情，竟如昔日一洗再洗的舊衣，如何漂洗，也只是斑斑印痕，刻印著傷痕累累的記憶。

一隻歸鳥飛過，牠將回到哪裡？什麼地方有安穩的窩？羽毛換了幾次已不復記憶，企盼的新生更是奢求，群居爭食實在羞恥，尊嚴只有建築在孤獨的飛行。如果名位是光榮的象徵，分配就是大大的侮辱。那種難看爭食的飢餓像，不知讓多少人天天作嘔。只有像那橫空的飛鳥，讓高風亮節的身影，消失在遼敻的遠方。

深夜竟有清晰的笛音傳來，是何方高士在吐著世紀的哀音？是把傷心深藏的音律中，向知音傳送，還是像那夜鶯孤單的吐露著心曲？樂音中彷彿追懷著古昔的夢境，人類千百年來無止境的追尋，永遠達不到的純淨世界，而你何苦如此自我傷害？不再翻閱日曆了，不再尋遍地圖上的經緯座標，在什麼地方駐紮，在什麼日子降落，沒什麼不同。偷偷的看看前後左右人的臉色，就已全部明白矣。

有人揚聲高唱，隨行的人成群，只有那隻孤鳥，不斷的孤單飛行，牠邀不來同伴，只好不計較昔日一起爭食長大，昔日一起站立的樹枝已腐朽，再也承受不住眾鳥的壓力。牠孤單飛著，把群眾的吼聲遠遠拋在腦後，繼續飛行，飛行了再飛行，即使都沒有月光，微弱的星光也好。牠再往前飛行，飛成宇宙中的一個小黑點。

民國一〇六年六月十六日聯合報副刊

32. 幻影

他畫了好多線條，自言自語說他不是畢卡索，他是有計畫的在做人生地圖的繪本，要人們照著他指示的方向前進，照著他的經緯度起飛和降落，如此而已。他說他也不是梵谷，不是達芬奇，更不是米開朗基羅。他的作品不是羅丹的雕塑，更不是圓明園的十二獸首，那些只是富豪收藏競賽財富的工具。

他有他自己的路，不論指向哪裡，他的手勢就是一條路的誕生，他說南北就是南北，他說東西就是東西，沒得商量，斬釘截鐵。如果你不在他的手勢下行進，他就狠狠給你一鞭，痛徹心扉的一鞭，他要你永遠臣服在他的指揮下，叫你登山，你不敢下海，叫你渡河，你只能涉水。

沒有什麼是有興趣，更不能說沒興趣，所有到來的事情，都要微笑承受，被子彈打傷，不能哭喊，被刀割傷，包紮了事，臉上不能有不高興的表情，只能唱雄壯的進行曲，把舊習去除，把原來的服飾退盡，要讓一把火把陳舊燒毀，要在前方懸上一幅這一生的指標圖。

他站在高台上演說，從此刻開始，所有人都沒有被迫害的妄想，所有人都不再有被追殺的可能，所有都要在手指頭上擠出幾滴鮮血，混合的自釀的血酒，每人喝一口以為誓，從此要一起邁向康莊。在他強力的指揮下，世界發生了不少從未發生過的事，城市爆炸了，死傷無數，機場也劫機衝撞各城市最高的大樓，死傷無數。他說那是他的人生地圖之一，沒有重大破壞就沒有重大建設。他繼續在高台上演說著，他說他會讓世界各大洋掀起滔天巨浪。此刻，下面的人才恍然大悟，但已束手無策。

民國一〇七年二月九日聯合報副刊

33.
尋

你說在歷史上的重要時刻，你不願做一位旁觀者。啊！你的話好感人。聽眾會從無知的困惑中醒來，會努力去挖掘，去探索你話中的深層含意。尤其從你臉上那種毅然決然的神情，更讓人覺得此刻若不跟隨你，將終生後悔。

於是許多人便和你一樣邁著剛健的步伐，唱著雄壯的歌曲，以一種排山倒海的氣勢，想推倒前面的大山，填平阻礙的大海，建立一個自認為公平正義的世界，高懸著《禮運大同篇》中，古老的聖人所描繪的烏托邦世界。

然而，當全世界都瘋狂的信仰某一個人的主張，所有的人都奔赴一個偉大的盛會，新的力量碰撞舊的力量，歷史上所有戰爭的血淋淋畫面，立刻在此時展出，你和我看到的，不是什麼美好的世界，而是廢墟，一片殘破的廢墟。

在一片廢墟上，你的話語又出現了，又給了痛苦的人們一絲絲希望。人們相信沒有重大的破壞，何來巨大的建設？沒有這一代的犧牲，何來下一代的美好日子？你加糖加蜜的話，暫時溫暖了悲苦一代痛苦的心靈。

你的話影響力深遠又巨大，於是有人便利用了你，號召了群眾，果然建立你要的世界，你深夜站在新世界的某一個大城的某一棟巨大建築物上，高喊：弱小的我們強大起來了。真的，你好高興，好欣慰，流下了多年不曾流下的男兒淚。然而新的力量上台，一年一年過去，你看到的世界，並沒有像《禮運大同篇》中的世界，你的夢碎了。你從高樓上走下來，消失在人群中。幾十年來我都尋不到你，只有常常遇到很像你的一般老百姓，茫然的走在大街上。

民國一〇七年三月十六日聯合報副刊

校後記：本文獲選入南一書局補充教材。

34. 荒野中的路牌

站在飯店前面廣場，瞭望山下的城市燈火。在燈與燈之間，在星與燈之間，閃爍著一支支智慧之鑰，不斷的尋找我盲思的腦袋插入。彷彿太平洋的波濤，一波波的湧入。海潮音也如大師灌頂，整夜轟擊我的耳膜。

那是上午吧，我們在大農場中散步，許多設備都已較上次前來時老舊。尤其關鳥的籠舍，只剩少數有鳥，多數長滿雜草。一定有一個巨大的斷層，或者跨不過的高牆，使人們無法禪悟，鳥不是應該飛在天空嗎？

剛進飯店時，時間還早，我繞飯店花園的小步道前看看，後看看，再左右看看。美侖美奐，的確，有許多人把自己拍入鏡頭之中。而我在看到角落無人之處，竟然是廢水雜物。在表面與內在之間，似乎對照著金碧輝煌與斷垣殘壁。應該有一巨大的眼神，巡視關於公眾的裡裡外外。

有次我們乘車經過鹽寮海岸時，一樣是有好漂亮好吸引人的民宿，但有些經營不善，荒廢在那裡無人處理。美麗的海岸，遂顯得坑坑疤疤。許多人見怪不怪，而我卻被這些抓得渾身是傷，且一直存在我的肌膚。我希望哪一天社會像一個有機體，某些東西要如植物的汁液，順著一定的循環體系，灌入一整套的管理模式，否則一棵植物之枯死，早在預料之中。

好像是無甚高明的理論，當然不是大師的思想指南，只是留置在荒野中，一座無人理會的路牌，它指向哪裡，沒有人在意。山下城市的燈火仍然在閃爍，而眾星已熄滅

民國一〇四年八月九日聯合報副刊

35. 微雨的清晨

微雨的早晨，在薰衣草森林的步道，回望昨夜好眠的小木屋，我和靜帆心中一直閃現那可人的民宿主人。說民宿主人，好像是民宿的業者，其實不是，是每年招考一次的服務生，以工換宿，沒有任何待遇。一整夜，我和靜帆用心聽著她訴說著好多奇幻的旅程，有名古屋的屠牛場以工換宿，有澳洲某農莊以工換宿，我們像聽著春天由江南飛來的鷓鴣，那樣悅耳的鳴聲，一種關不住的耀眼青春，那是我們從前沒有的，十分獨特的意象，像眼前薰衣草的美，醉人的淡淡幽香。

之所以非常喜歡民宿主人的特質，是因為在她身上，有許多我們所沒有，而夢寐以求的東西。那就是我在進入師大第一年認識靜帆以後，每每向她訴說我心目中的星子，是在南師即將畢業前認識的學妹，外貌特質都很像靜帆，本來希望將來能和蔣坦和秋芙一樣共賦：「早也瀟瀟，晚也瀟瀟」，卻因緣份不夠，夢想沒有成真。

後來和靜帆由同學慢慢變成情侶，有一次一起買到一張卡拉揚指揮的交響曲，內有〈阿萊城姑娘〉，我們都非常喜歡，常在校園草坪與星光共賞。我也對靜帆稱呼她阿萊。就這樣從年輕到老，即使一起旅行各地，也常帶著這張唱片。但我們沒有像這位民宿主人一樣，過這樣特殊寫意的打工換宿生活。

第二天起床後，吃過民宿主人為我們精心準備的早餐，即沿著樹林中的步道慢步閒聊。聊著那曲〈阿萊城姑娘〉，它幾十年了，我們由黑髮聽到白髮，由直挺挺的背脊，聽到已彎腰駝背。我們的日子雖清苦，但我們一起讀沈三白的《浮生六記》，尤其卷二〈閑情記趣〉特別喜歡，常一再拿出來，兩人各自朗誦一段，然後相視大笑。過得還算寫意，朋友也覺得靜帆頗像《浮生六記》中的芸娘。

聊著聊著，我們恍然大悟，我們已失去那年輕亮麗的星輝，失去了民宿主人眼中閃現的星芒，我們已是拄杖老人，應該學蘇逸洪乘坐郵輪去爽遊世界了，畢竟，日子不多了。走到一個蓮池畔，還正晶亮的蓮花，像莫內的名畫，對著我們微笑。我向身旁的靜帆叫了一聲：阿萊，環遊世界去。

民國一〇六年五月十四日自由時報副刊，一〇八年二月十七日修訂

輯二

微笑看人間

01. 蔡校長讓我們流淚

原來蔡校長是這所小學的退休校長，學校的值夜室找不到夜晚巡視校園的臨時雇員，蔡校長竟自願回來擔任……

我是在看了某電視節目的人物介紹之後，才進一步認識蔡校長的。

昔日校長今日工友

但求貢獻不覺委屈

那是一個寒冷的冬夜，我正躲在客廳的沙發上，腿上蓋著厚毛氈，看電視記者在某國小的值夜室訪問一位工友。

這是非常普遍的工作，有什麼好訪問的？我心中咕噥著。就在此刻，記者突然對受訪的老人問了一句：「你不覺得委屈嗎？」

「怎麼會呢？任何工作，只要對社會有貢獻，都不會有委屈。」老人為記者倒了一杯熱開水。

「但是，你以前是這個學校的校長啊！」記者追問。

「校長和工友都是為學校、為學生、為社會服務啊！」老人淡淡的說。

原來蔡校長是這所小學的退休校長，學校的值夜室找不到夜晚巡視校園的臨時雇員，蔡校長竟自願回來擔任，每月只有九千元薪資。既辛苦薪資又少，難怪找不到人；民國七十幾年，房地產正起飛，找水泥工整修房子一天至少二千元，還提供午餐和早晚二次點心呢！

看完電視訪問之後，我對蔡校長願意以校長之尊屈就值夜室，感到由衷的敬佩。

有一次，我在路上碰到蔡校長騎著腳踏車挨家挨戶的送報紙，心裡覺得奇怪，便和他打了一下招呼，順便問問他送報的情況。他說這家報紙副刊水平不錯，可惜鄉下人誤以為是某個政黨的宣傳報，很少人訂閱，他為了推動文化紮根，拚命說服鄉親，總算有一、兩百個訂户。

「原來如此，我也訂一份。」我深受感動，從此就常找他聊天。後來才得知，從前當公務員薪水千把元的時候，他的優利存款有二千多元，但如今大家都上萬元了，他還是只有二千多。為了不增加子女負擔，他送送報紙，當當值夜工友，靠勞力賺錢。

「沒有什麼面子不面子的問題！」他和我閒聊，心情十分平靜。能如此看得開、不計較、無怨言，實在值得學習，於是我更常去拜訪他。

小錢散布無限愛

傑出校友不平凡

有一次我到值夜室找他喝茶，他不在值夜室，而是由一位年輕的男老師暫時代理他巡視校園。

「他說外出一、二個小時，如果有人找他，就提供這個地址。」年輕的老師拿了一張寫著地址的字條給我看。我當場記了下來，並決定前去一探究竟。

按地址找到一户人家，紅色老舊的木門虛掩著，我敲了敲木門，一位年輕的中學生前來開門，問我找誰。

「蔡校長在這裡嗎？」我問。

「有，有，他在裡面，請進。」學生有禮貌的請我進屋。

「蔡校長，你果然在這裡。」我一進屋便大聲叫他。

蔡校長用手指在嘴巴上比了一下，暗示我小聲些。原來他是來探望一位生病的長者，長者的孫子是蔡校長學校的畢業生，正在高中就讀，家境清寒，父親早逝，母親改嫁，由年老的阿公撫養照顧，阿公每日靠撿回收物品換一些生活費……蔡 校長得知此情況後，經常接濟他們。

最近長者生病，不能工作，沒有收入，蔡校長把剛領的值夜費和送報收入送了過來，並要他安心養病。這下子，更讓我大讚蔡校長了不起。

有一年我的母校校慶，許多校友從各地返回學校，一方面看看昔日師長，同時也會會老同學。學校往往依行政、學術、文藝、奉獻等獎項頒給傑出校友。

頒獎會上，蔡校長居然也坐在上面。

原來，蔡校長年年捐給學校各種款項，包括校友通訊的出版費，今年又捐了一台全新的鋼琴。現任校長在頒給他獎狀時，激動的說：「我們早就想頒獎給蔡校長了，他每次都婉拒，認為自己做的事微不足道。

這一次我千拜託萬拜託，他才肯前來，為的是拋磚引玉，讓後人跟進，我就是這樣才說服他的。你們知道嗎？他每個月薪水才二千多元，其他都是靠值夜、送報賺來……」說著說著哽咽了，幾乎說不下去。

此時，我也已經淚流滿面了。

民國一〇〇年三月十八日聯合報　繽紛

校後記：本文選入宇文正主編《一定會幸福》——聯副五十個最動人的故事一書中。

02. 人生好樣的歪妹

以那次運動會來說，同學推派選手，都以有得獎機會為主，但歪妹卻大發議論，什麼運動是為了健康，志在參加不在得獎，大力提倡班上人人至少參加一個項目……

我知道她的綽號叫歪妹，是在學校舉行運動會時，她的同學看到她參加一千五百公尺、八百公尺競賽，努力往前跑的神情，紛紛大喊：「歪妹，加油！歪妹，加油！」

綽號叫歪妹

歪理一大堆

「是不是她走路常歪著頭，看人常歪著頭？」

「才不是呢，是她的想法。」

「什麼想法？」我和班上的同學討論起來。

原來歪妹對事情的看法，常有她自己的一番歪理，同學久而久之，就以外號歪妹稱呼她。

就以那次的運動會比賽來說吧！同學推派選手，都以有得獎機會為主，但歪妹卻大發議論，什麼運動是為了健康，志在參加不在得獎……大力提倡班上人人至少參加一個項目，她自己就參加了兩項，一千五百公尺和八百公尺。八百還好，雖然最後一名，但落後不多，而一千五百公尺，看著全場只剩下她一人，她還不放棄，全場為歪妹加油。

「不會耽誤大家的時間吧？評判老師，我慢慢跑完全程，如果到半夜還沒跑完，你們會不會不耐煩，會不會把我放棄，統統回家了？」歪妹一臉正經的問。

「不會，不會，當然不會。」老師們心想，若真有人一直跑個沒完，到了半夜，那要怎麼辦？

還好，歪妹雖慢，還不至於拖延太多時間，那次運動會慢了些結束，歪妹還得到精神錦標——最佳勇氣獎。

打算不升學

要當作家去

從那次校運之後，我就特別注意歪妹，有次月考結束，她的文科都非常好，尤其是英文、國文，但數學成績卻是個位數。

我問她原因，她竟然回答我：「老師，手指頭有一樣長嗎？為什麼一定要每一科都棒？全部通等於全部不通！有很多有成就的人都只專精一樣。」

這次可就不是歪理了，我也覺得頗有一些道理，但畢竟高中分數評量法關係到升留級，我就問她：「那升不上二年級怎麼辦？」

「山人自有妙計，不告訴你！」頭一歪，一溜煙走了。

以後我遇到她，還是會問她數學有沒有進步，她都很乾脆的回答：「沒有！」但一年又一年，她也升上三年級了。我所任教的學校，學生程度不佳，設有暑期輔導、補考等辦法，歪妹也就在有驚無險中年年過關。她本來在北部名校念，也是打聽到這所海邊的鄉下高中容易過關，才轉過來的。

「老師，我的朋友都喜歡寫作，喜歡胡思亂想，因此功課都不好，在都市名校，一個個都在月考、期考中敗下陣來，下場都很慘，勉強畢業的，又在聯考的挫敗中，被打擊得信心全失，所以，我高中畢業後，不再升學了，我要去當作家，全心寫作……」距離畢業典禮還有幾天，高三的課全部結束了，我在公園遇到歪妹，在閒聊當中，她這麼告訴我。

「當然可以，作家又不一定要很高的學歷，但必須有創作的才能，祖師爺才肯賞飯吃。」我和她聊了一下台灣作家能專門靠寫作生活的不多，要多加考慮。

幫她出聯考報名費
臨陣磨槍姑且一試

「這樣好了，你還是報名參加聯考，報名費我幫你出，考不上就算了，還有個把月，你文科不錯，找一些參考書臨陣磨槍一下，也許可以考上私校，反正是總分高的就錄取，數學零分並不影響你。」

那時還沒有規定有一科零分就不錄取，放榜時歪妹上了一所私校的外文系，此時再也沒有數學的上課壓力了，我說：「歪妹，加油，是你全力發揮的時候了！」

「當然，我現在沒有任何牽掛，一定拿好成績，不會辜負老師的期望。」

以後歪妹常回來告訴我，她又有一篇文章獲獎了。我也常會在報紙副刊看到她的作品，寫得越來越好，心裡很為她高興。

後來由於她的工作忙，回來的次數少了，但還是會聽同學提到她的消息，有一次同學告訴我：「歪妹真厲害啊！差一點就得百萬小說獎。」

「真的？告訴她，再加油，和她跑一千五百公尺的精神一樣，永不放棄，到半夜了，老師們還會陪著她跑！」我要同學轉告她。

距離歪妹畢業，整整三十個年頭了，聽說她在國外，但仍可在國內的報章雜誌看到她的文章，我內心裡總是默默的為她喊一聲：「歪妹，加油！」

民國九十八年十一月十六日聯合報　繽紛

03. 小陳和他的妹妹

小陳和他的 妹妹 考上私立學校，鄰居雖買鞭炮來道賀， 小陳面無喜悅之情。他連到台北的車資都湊不出來，怎麼有錢去繳私立學校昂貴的學費？

小陳是我台南師專時代的好友，為人風趣幽默，我很喜歡他。交往數十年，小陳雖已變成老陳了，我還是喜歡稱他小陳。他個子小小的，一副娃娃臉，年過六十，卻還像個年輕人，走路比一般人快一倍。

情書裝訂成冊

感謝老妹有心

有一次我和內人北上看他，晚上閒聊時，他端出他和他夫人結婚之前的通信讓我們「欣賞」。

我們一直讚嘆他真是有心人，但他說不是他有心，是他的大妹有心，花了三萬多元，幫他請人精裝，才成眼前這麼美觀大方、近兩千頁的三巨冊。

小陳說著說著，眼眶濕潤了起來，他詳細的把他大妹放棄升學，到萬華西園路一家成衣加工廠工作，支持他讀私立大學的一段「針線情」說給我們聽。

我深知我們之所以選讀南師，是因為家貧，但內心那股不服輸的念頭，一直鼓舞著我們一面教書，一面準備升學。

我運氣比較好，又考上公費的師大，比我程度好的小陳卻考上私立學校，鄰居雖買鞭炮來道賀，小陳卻只淡淡的說「謝謝」，面無喜悅之色。

他連到台北的車資都湊不出來，怎麼會有錢去繳私立學校昂貴的學費？

難道要把他父親賴以維生、幫人搬運貨物的牛和牛車賣掉嗎？那以後父母如何生活？且幫得了一時，也幫不上四年啊！

當時大妹站出來說：「哥哥，不用擔心，我早就找好了工作，可以供您念到畢業！」

兄妹的針線情

感動麵店老闆

就這樣，小陳在他大妹的支持下，終於順利完成學業，也謀得教職，之後還和相愛多年的學妹共結連理。

他把妹妹無怨無悔支持他的這一段歷程，寫成一篇〈針線情〉，發表在報紙上，感動了很多讀者。

小陳說：「你知道嗎？那篇文章竟然感動了一位賣麵的老闆，他把它影印好幾份，夾在餐桌的玻璃墊下，讓顧客邊吃麵邊欣賞。」

「有一天我到那家麵店吃麵，看到這一篇文章，就和老闆聊了起來。原來老闆的用意是鼓勵兄弟姊妹，家人要相親相愛，互相支持，不要為爭產而鬧得難看。最後我們成了好朋友，我只要路過，一定前去賞光，老闆每次都堅持請客，我當然不好意思老占他便宜，偶爾也會帶一點土產去送他。」

「至於這三大冊情書，之所以裝訂起來，也是大妹的用心。大妹說她書念得不多，與先生由父母之命、媒妁之言成婚，沒什麼情書，很羨慕哥哥的浪漫，所以認為值得花一點錢，整理起來做紀念。過了幾十年，現在看起來，還真有意義呢！我這一生欠大妹太多了。」

小陳顧著說話，都忘了替老朋友泡茶了。那一晚，我和內人深受感動。

民國九十九年一月十九日聯合報　繽紛

04.
我那調皮搗蛋的學生

我那調皮搗蛋的學生　原來他的父母離異了，離異的原因竟然是父親愛上他母親的姊姊。一個高一的學生，才十五、六歲，如何面對？

第一次遇到這麼調皮搗蛋的學生，是在我剛服完兵役，到一個鄉下高中任教時。那時我年輕氣盛，哪裡肯花什麼心思去研究輔導「壞」學生，我首先想到的是，把他壓下去，挫挫他的銳氣。

他人緣超級差

有個悲慘故事

他是從台北某明星高中轉回鄉下的學生，程度和我任教學校的學生有天壤之別。他常把頭抬得高高的，同學對他印象壞極了，人緣超級差。

像這樣的學生，一般課程是治不了他的，因此，凡是最難的問題，我都第一個問他。想都不用想，他一定不會，幾次下來，他長在頭頂的眼睛慢慢降下來了。

這時，我就不再那麼貶損他了，反而找機會讓他表現。例如他記憶力很好，一篇兩三千字的英文課文，不用多久他就可以背誦下來，我當然第一個叫他，他也不會讓我失望，琅琅上口，一氣呵成，讓全班刮目相看。

我慢慢跟他建立友誼，取得他的信心，破解他的心防。終於，他告訴我他的「悲慘」故事。之所以說「悲慘」，是因為以他的年齡，無法面對這樣複雜的人生。

原來他的父母離異了，離異的原因竟然是父親愛上他母親的姊姊。一個高一的學生，才十五、六歲，如何面對？

可以想像，一般學生叛逆的行為他都有。當時我的年齡也不大，也不知道如何去安慰輔導他，只知道告訴他：「你心情不好，墮落了，學壞了，你祖母不傷心嗎？你將來無一技之長，祖母年老了，你父親又不知跑到哪裡去了，她將來要依靠誰？」

念了軍校當上教官

換他面對頑劣學生

這位調皮搗蛋的學生，居然會聽我的，我也十分意外。他告訴我：「我書念得好，有什麼用？父親不要我了，母親也不要我了，祖母年紀大，能供我念到什麼時候？」

說的也是，但路有很多條啊！我告訴他：「軍校、警校、師大都可以念啊！」

後來這一位調皮學生終於乖乖的念完三年，上了軍校，而且以他的聰明才智，在軍中表現十分優異。

本來可以一直升上去，但他有一次告訴我：「為了照顧祖母，我轉任學校教官了！」

「這也很不錯呀！當年我勸你，只有自立自強，才是對抗不幸的最好手段。如果你在當教官期間，有類似的學生，可以拉他一把！」我想，當教官，幫助學生的機會最多了。

他常在遇到頑劣學生時，前來和我討論。比較容易處理的，他在和我討論過後，總會自己找到方法，唯有一次比較棘手。

他到了大陸當主管

老闆是當年壞學生

「老師，這次麻煩大了，這兩位學生居然犯了竊盜罪，上了法院，明天就要出庭了！」他來到我的住處，很想幫這兩位學生「想辦法」。他說學校開訓導會議，多數以「嚴重影響校譽」主張退學處分。

「那你認為呢？」我說。

「我當時以輔導教官名義，拍胸脯保證，這兩位學生可以救，而且法院尚未判刑，自然不到退學的地步。我說，如果法院判刑了，他們不用退學，也無法回到學校了！」他把開會情形和他自己的看法，詳細說了一遍。

「這就對了，退學不是教育的最好方法，只有承認教育失敗，才走到退學這一步。」我說。

最後法院以學生初犯並有悔意，給他們自新機會，由家長嚴加管教。最重要的是，我的學生以教官身分，當場又拍胸脯保證會用心調教，獲得法官的支持。

這其實是個普通的故事。但神奇的是，幾十年後，我那寶貝調皮學生從大陸深圳來電告訴我，他現在在深圳某公司當總管，老闆就是那兩位偷竊的學生之一，還真像美國短篇小說王歐·亨利的驚奇小說。

「老師，你有空過來玩，我全程招待。」有這句話，我一生教育工作的辛苦，好像都化為雲煙了。

民國九十八年九月八日聯合報　繽紛

05.
微笑看人間

我的寶貝室友　老李的「唯一」好像不只一個，小美走了，又來一個小玉是他的唯一，小玉走了，小鳳又是他的唯一。班上同學常常拿「你是我的唯一」開他玩笑，他也不以為忤……

從三十幾人的大寢室，改到六人一間的小寢室，大家都覺得有「翻身」的感覺。高興之餘，紛紛找跟自己個性相投的好友，共居一室。

由於入學規定裡沒有年齡限制，同學中有提早入學者，比一般正常學齡小了一兩歲，也有服完兵役或在社會上做過事的，較同儕大上十幾歲。

失學多痛苦啊
好好抓住機會

老李當過軍中連長，再「轉」過來就讀，每天手不釋卷，勉強和你聊兩句，總是軍中如何如何，同學久而久之，就和他疏遠了。但我總喜歡開他玩笑：「你能帶兵，兵是活的多難帶啊！而書卻是死的，一次弄不好，多看幾次，何必如此緊張兮兮的？」

「你不知道啊！失學多痛苦啊！如今有書可念，怎不謝天謝地，好好抓住機會呢？」就這樣，我們竟然成為無所不聊的好友。聽他從他的老家聊起，一直聊到如何從軍、如何到台灣來。

「你知道嗎？我們是整個學校由校長一起帶過來，我身上只帶了一張我母親的照片，其他什麼也沒有。」說著，他從口袋中摸出一張泛黃的照片，淚濕眼眶。

「不要難過了，只要活著，總有見面的一天。」我安慰他，心中卻想著：恐怕沒有機會了吧。

老李的用功是出了名的，但由於專心致志讀書，很多生活小節都非常忽略。有一次，我和他要外出看電影，他竟找不到他的白上衣：「嘿，奇怪，我不是剛洗好，收在衣櫥裡嗎？」東翻西找，也到曬衣場去找了半天，就是不見蹤影。

老李不愛洗澡

朋友越來越少

「怪！怪！難道那件舊衣服長了腳，自己走掉了不成？」

「床下找看看，也許老鼠咬走了也說不定！」我開他玩笑。

「喲！果然在床下的臉盆裡，白衣服老早變黃衣服了。真是健忘呀！十幾天前我換下來洗，打算先泡泡肥皂粉三十分鐘再洗，比較容易去汙，想不到一放就放到忘了。」老李直搖頭。

「那你這十幾天都不用臉盆洗澡？」我一臉狐疑問他。

「為了抓住時間念書，有些事情比較馬虎，想當年打土八路時，哪來什麼時間洗澡。」他為自己找理由。

大概是老李不愛洗澡，難免身上的味道不好，朋友就越來越少了。同室的同學，只要看到老李在，都紛紛跑到教室或圖書館念書。

有一次老李竟然拿著臉盆，帶著香皂、香水到浴室梳洗了一番，並且把宿舍大大的掃除了一下，又是打蠟又是噴香水。他還到圖書館借來許多精裝書，滿滿的擺了一個書桌。

「老李，怎麼啦！竟然如此大動干戈，要反攻大陸了？」我又開了他一個玩笑。

「你不知道嗎？教官室要開放男生宿舍讓女生參觀。大丈夫怎麼可以在小女子面前出醜！」

他一臉嚴肅的說。

「原來如此，好了，加油吧！祝你如願交個知心女友。」

果然，從那次之後，老李就經常神祕兮兮的出去約會，回來總會向我誇耀一番：「這是我人生的關鍵期，她是我的唯一，除了她，我什麼人也不要了。」

話雖如此，老李的「唯一」好像不只一個，小美走了，又來一個小玉是他的唯一，小玉走了，小鳳又是他的唯一。班上同學常常拿「你是我的唯一」開他玩笑，他也不以為忤。

大三的時候，老李突然中午也不午睡，早出晚歸，猛上圖書館。打聽之下，老李竟然交到了班上成績最好的小翠。

「怎麼可能？憑老李也配？」小黃一副不以為然。

「怎麼不可能？他已把小翠帶上情人路去散步了！」老黃頂了小黃一句：「他那句『你是我的唯一』可是天下第一高招，攻無不克，戰無不勝啊！」

同學們你一句不信、我一句怎麼可能的時候，老李和小翠已在附近的情人路來來回回不知走了多少趟。

不知不覺間，老李向大家展示了愛的神祕力量，他在大四就考上了名校的研究所，而且系上只有他一人上榜。

愛的力量果然奇妙，老李研究所畢業後又考上了中山獎學金公費留學。後來回國在某國立大學研究所任教，與小翠婚後幸福無比。

「小翠真是我的唯一。」當年老李在婚宴上又說了一次，同學們舉杯和老李乾了，一起哈哈大笑。

民國九十八年十月八日聯合報　繽紛

06. 溫暖好時光

當年的他父親外遇，母親自殺，在附近農專就讀，因心情不好，細故打死了室友，被判刑，正在假釋保護管束中……

當老師遇到有成就的昔日學生，是十分興奮的事，但是有一次我到一個小鎮的小吃攤吃當歸鴨，竟然遇到以前十分頭痛、認為大概沒救了的學生。他一面切鴨肉，一面招呼我：「老師，請坐，還認得我嗎？」

當年問題學生

化成灰都認得

「怎麼不認識？林志強，讓我頭痛萬分的林志強，化成灰我都認得。」我因太興奮，說話有些誇張。

我們一面聊，志強一面切鴨肉給客人，非常老練。

「這一家當歸鴨的老闆就是我的岳父，當年老師帶我來這裡吃當歸鴨，覺得很好吃，以後就自己常來，並且認識了老闆的女兒，學了老闆全部的手藝，做了他的女婿。」志強端上我要的當歸鴨，坐到我的旁邊，告訴我，目前已育有一男一女，都上小學了，由於經營的是鎮上生意最好的小吃攤之一，收入十分可觀，生活過得不錯，很感謝老師以前的教導。

我的思緒馬上回到十幾年前，當時志強是補校的學生，他在我上課時竟然把一個鋁箔包飲料空盒子，用腳大力一踩，發出「碰」的一聲，其他學生都嚇了一跳。這在校規上可能要記過處分，但我沒有，下課把林志強找到辦公室了解他的動機。

原來他是保護管束的學生，父親外遇，母親自殺，在附近某專校就讀，因心情不好，細故打死了室友，被判刑，正在假釋保護管束中，才到小鎮的補校再續學業，程度和班上其他同學懸殊太大，覺得老師教的內容太簡單，他不滿意，放「砲」以示抗議。

別說戒不了毒癮

試試當歸鴨妙方

了解原因之後，我建議他可以自由看書，不必聽講，自己想看什麼書都可以，最好看勵志書籍。之後我也常拿一些自己認為的好書讓他看，如《成功者的座右銘》、《羅蘭小語》等。

這樣相安無事的上了一段時間的課，有一次我下課走到停車場準備回家之際，志強追了上來，向我表示他要休學。我和他就在停車場旁邊的綜合教室前，坐在台階上聊了起來。

原來他為吸毒所苦，曾經勒戒還是改不掉，看來前途無望，再讀下去，也沒什麼意思，不如休學。我建議他「痛苦時咬緊牙根忍過去」，為了多做心理輔導，我帶他到我最喜歡的小吃攤吃當歸鴨。

「很好吃，老師，我住在附近竟然不知道，真是……」志強吃得津津有味。

「以後我可以常請你來吃。」我笑著付帳，送志強回家。以後我常和志強到小吃攤吃東西，當然最常吃的還是當歸鴨，他後來沒再提休學之事，我當然也沒再問他吸毒之事。

直到畢業之前，學校照例要辦公民訓育活動，到曾文水庫住一夜，就在那一次活動中，幾個跟志強要好的同學跑來告訴我志強毒癮發作了。

老師一句話
人生大轉彎

我趕快叫他們把志強帶到主任休息室，讓他躺著，兩三個同學陪他，有狀況立刻通知我。主任休息室是個人專用，沒有人知道此事。

就這樣順利的完成公訓活動回來，我私下告訴志強，如果他不能戒掉毒癮，不但他前途毀了，我和幾個同學也將因知情不報而遭殃。我要他「咬緊牙根忍過去」。

「老師，你知道嗎？就是你那句『咬緊牙根忍過去』，讓我戒了毒癮，也有了一個幸福的家。戒毒很苦，我很感謝老師，還有我岳父教我一身手藝，太太陪我度過艱苦的戒毒時光。」志強說著，露出一種很感激、很幸福，也很甜蜜的奇異神情。

原來志強在我請他吃當歸鴨之後，經常自己來，因而結下了這段美好姻緣，也戒掉毒癮。

「志強，太高興了，你是我教書生涯中最好的回憶。」我吃完要付帳時說道。

「不可以！老師，我請客，歡迎你以後常來。」志強堅持不讓我付帳。

離開志強的小攤，一路上想著志強的變化，抬頭看看夜空上的星星，每一顆好像都在微笑著。

民國九十八年六月五日聯合報　繽紛

07. 懂得抓住機會的鬼才

懂得抓住機會的鬼才　看到他得獎，有了肯定，我也決定說說真話了。中午一起吃飯時，我把從前一直悶在心裡的話告訴他，我要他繼續努力，不要再運用什麼機伶耍巧的手段……

鬼靈精小王編到我班上後，我馬上發現他除了點子多以外，繪畫方面的天分也不錯，所以「鼓勵」同學選他當學藝股長。我之所以在「鼓勵」兩字加上括弧，是因為在「表面民主」的時代，有力人士是可以「影響選情」的。

不因失敗而氣餒

自己找到下台階

在我不斷明示及暗示之下，小王終於當選學藝股長，並且在第一次壁報比賽中獲得優勝，全班同學除了對他信心大增之外，對我的「領導」也頗為「心服」。在那群十七歲、處於反抗期的青少年心裡，要對老師心服口服可不容易。因此小王的好表現帶給我領導上的方便，而我也準備隨時「回饋」。

但是，我派他參加全校美術比賽時，他鎩羽而歸了。此時我總不能面露失望狀或「怒形於色」，我只好笑笑的對他說：「沒關係！下次再多用點心，就可以拿好成績。」沒想到他卻把頭一揚，很輕鬆的告訴我：「老師，告訴你，但你可別告訴別人哦！學校請來的評審老師，無法欣賞我的作品，以後我會在藝壇上大放異彩，你等著瞧吧！」

還好，他沒有因為失敗而灰心喪志，反而自己找到下台階，我也只好順口說：「對，對，鄉下學校哪有什麼美術人才，他們哪裡有眼光欣賞你超水準的表現。」原本是表面上安慰的話，但對照他後來的表現，卻有些接近真實。《魯冰花》這部小說和電影，不就有類似的內容，說一位小朋友的畫作，寄到國際參賽才得獎，並且轟動一時，這種事不是沒有可能。

不升學北上學畫

與黨國元老投緣

小王畢業後，沒有繼續升學，倒是聽說他北上學畫，有一次他在植物園畫荷花，剛好一位黨國元老散步經過，停下來看他的畫。說小王鬼靈精就是鬼靈精，馬上停下來跟這一位黨國元老聊天，而且竟然聊得十分投緣。

從此以後，小王變成這位黨國元老的忘年之交，每有畫作就拿去請他品評，並且請他題字。不論他的畫作水準如何，以這位黨國元老的身分地位，只要經他題字，絕對身價百倍。

一段時間之後，累積了相當數量的畫作，這位黨國元老推薦他到歷史博物館展出，這是何等光榮的事啊。更巧的是剛好有一團日本藝術家來訪，看到小王的畫展，便推薦小王到日本展出。

開幕酒會上，一位日本國會議員的千金，也來參觀他的畫展，竟然讓兩人看對眼了。於是連五十音都不會的小王，就留在日本，而且成為這位國會議員的女婿，聽說這位國會議員的千金，還是一位女鋼琴家呢！

此後小王就在日本發展，我退休前不久，學校工友在一個下午，通知我去校長室，原來是小王從日本載譽歸國，要捐一百萬獎學金回饋母校。

懂得抓住機會

更要實至名歸

一百萬不是小數目，而且由有成就的校友捐獻，意義更是不同凡響。校長當然非常高興，立刻決定以盛大的晚宴款待，並且邀來地方人士多人作陪，有鎮長、民代、記者多人。

晚宴中，大家立刻鄭重邀請小王回鄉舉辦畫展。畫展果然轟動，附近鄉鎮學校紛紛包遊覽車帶學生來參觀，尤其地方人士買畫者不少，也給小王很大的、實質上鼓勵。

那回之後，我常常想，小王的成功除了天分，也憑藉了幾分運氣，更重要的是，他很懂得抓住任何到來的機會。

某一年的五四文藝節，我應邀到一個頒獎會觀禮，我那機伶的學生也在美術得獎人之列，我十分興奮，馬上趨前道賀。

看到他得獎，有了肯定，我也決定說說真話了。中午一起吃飯時，我把從前一直悶在心裡的話告訴他，我要他繼續努力，不要再運用什麼機伶要巧的手段，要努力追求真正的「實至名歸」，這才是今後該全力以赴的目標。

民國九十九年三月二十八日聯合報　繽紛

08. 那年我們混在一起

那年我們混在一起 許多家長紛紛向校長反應：「怎麼請一個小孩子來教書？他會教嗎？」但也由於我像小孩子，和學生相處得很好，獲得校長的信任，才給了我很大的空間，允許我和學生們「混」……

六個學生一道來訪，年齡加起來超過三百歲，居然開玩笑說要來和老師「混」一天。

「老都老了，還混什麼混！」我也半開玩笑地說。

名校學生適應不良

改變環境回到鄉下

數十年前，他們都是一群所謂「適應不良」的學生，從城市名校轉回鄉下學校，當年叫做「改變環境」。想不到「改變」到鄉下學校，還是適應不良，再由各自所屬的五、六個班級，紛紛又「改變環境」到我班上。

當時校長就明白告訴我：「誰說改變環境一定要換學校？換班級也是改變環境啊！」校長是一個觀念很新的人：「標準是什麼？這些學生的功課在城市算落後，但在我們這裡卻超越原來在校的同學很多，教導他們得好好動動腦子，不要太死板，要靈活一點哦！」

校長的話言猶在耳，這六位學生卻已是五十多歲的人了，在社會各行各業都有良好發展，時間過得真快！我注視著他們，已然看不到當年調皮搗蛋的樣子，而是飽經風霜的幹練。

那時這些學生不是抽菸、打架、到彈子房，就是混幫派。班上只要有這種學生，老師都頭痛萬分，首先想到的就是：「班上沒有這幾位學生，那該有多好！」然而，學校中的問題學生，走了一批又來一批，永遠都在。大家都沒想到，一旦能陪伴他們度這段尷尬的年齡、叛逆的青春期，出了社會之後他們當中大多數都還是一般人眼中的「正常人」。當時我就是抱著這種想法，和他們在一起「混」，難怪數十年後，這六位學生回來找我「混」一天。

當年我從師大畢業、服完兵役，就來到這所海邊的鄉下學校。我沒和其他老師一樣西裝筆挺，而是穿著大學服去上課，許多家長紛紛向校長反應：「怎麼請一個小孩子來教書？他會教嗎？」但也由於我像小孩子，和學生相處得很好，獲得校長的信任，才給了我很大的空間，允許我和學生們「混」。

校長既開明又包容

老師多關懷少責罵

我有一間單身宿舍，只有一廳一房，但他們六人隨時可以造訪，可以在裡面唱歌、彈吉他、看電視、泡茶。唯一不可以的就是喝酒，我告訴他們我有酒精代謝不全的毛病，喝了會掛掉，天曉得我偶爾和老朋友也會喝一杯呢！

他們大都喜歡寫詩，因此我建議他們辦一個油印的小詩刊，叫「沙崗」，因為學校本來是溪洲沙土，不毛之地，填土蓋成，畢業的校友都戲稱學校為「沙崗」。比較有才氣的大牛、小牛負責寫稿，大頭和小豬就負責刻鋼板油印，大夥竟然也搞得有聲有色。

他們有時難免心情不好，我就帶他們到學校附近的溪畔防波堤看流水、聊天，抒發心中的鬱悶。他們的鬱悶有時是沒來由的，有時是對社會、家庭、學校的不滿，讓他們說說，發洩發洩，也就沒事了。

有一次，其中一位同學清芳跑來告訴我說，附近商校有一位國文老師，自費辦了一個報紙型的詩刊，言下之意頗為欣賞這位老師。經過聯繫，對方竟是我師大的學弟，於是引薦他們認識，這些學生又多了一個去處，常一起在這位老師家，聊文學藝術，身心獲得更大的安頓。

當我正在回想過往，綽號小白的學生突然說：「老師，當年那位校長還在嗎？我們想去找他表示感謝！」

「聽說和兒子移民美國了，我也不知道在哪一州，不過你們真該感謝他，如果他不讓我降低標準，和你們混在一起，你們也畢不了業！」我笑著對小白說。

「您那時真的很很混耶！少責罵我們，最多就是要我們換個立場想。」大牛接著說：「其實後來我自己當了老師，別人指責我班級的學生表現不好，我也會很生氣，生氣他們為何讓我在全校師生面前沒面子。想當年您為我們擔待了許多事，這是我永遠無法忘懷的……」

「我們真幸運，遇到那位開明的校長和您這位沒有架子的老師尤其從不以自己的前途為考慮方向。。」年齡都超過半百的學生異口同聲說。

「其實最幸運的是能在那個時代相遇，如果換成現在，說不定是校長下台一鞠躬，老師記過呢！」我說著，舉起茶杯，以茶代酒和六位學生「乾了」：「今天我們就好好混一天，想說什麼都可以！」

民國一〇〇年六月十二日聯合報　繽紛

09. 旅遊心體驗

小女孩為我們撐船 蔡先生一緊張，已經雙腳往沙地上一跳。十分糟糕，那竟然是一塊流沙地， 眼看蔡先生的雙腳已經陷在泥沙中約一台尺那麼深， 而且稍微一動就往下沉一些……

那年我遇見她的時候，她只有十歲左右，在一條小河邊划著一艘竹筏。我們旅行團中，最喜歡追求刺激的蔡先生問她：「坐一趟多少錢？」她說五元，我們便坐上了那艘竹筏。

問小女孩年齡

被數落不禮貌

「妳會撐船嗎？」坐上竹筏之後，我才突然想到安全問題。

「沒問題，我已經在這裡擺渡好幾年了！」她一副十分有自信的樣子，伸手拿起一根長竹竿，握住一頭，把另一頭往水中插，然後用力一撐，船果然開始往前行駛。

「妳多大了？怎麼可能已經開了好幾年的船？」我還是有些不放心，同時也有些好奇。

「不告訴你，那是秘密，你不知道問女生年齡是很不禮貌的嗎？」她一面用力撐著竹竿，讓竹筏前進，一面把嘴巴一翹，不願回答我的問題。

「哦！對不起，妳不過十來歲吧！小孩子怎麼會拒絕回答年齡！」

我還是不死心，繼續追問。

「不止了，你不可以光從外表論斷一個人，這叫作以貌取人。」她說話的樣子果然不像十幾歲的小孩。

「那麼妳告訴我，妳在這裡駕駛竹筏好呢？還是去上學念書好呢？」我想到之前在遊覽車上，導遊（當地叫地陪）告訴我們，她們每個月要扣一些薪資去替家鄉的小孩爭取上學的機會。她還說，這裡很窮，每人每年生活費不到台幣一千元，家裡沒多餘的錢讓小孩念書，而且孩子也多營養不良，看起來比實際年齡矮小很多。

「當然想去上學啊！許多遊客告訴我，沒有上學，永遠沒有辦法脫離貧窮。」看她那麼鬼靈精，口才又好，看來是從和遊客的交談中學到了不少。

她提醒蔡先生：「不要站起來，這樣竹筏會翻過來。」原來，蔡先生看到河岸邊的同伴向他揮手，他也站起來跟他們揮手，此時竹筏明顯地晃動著。

「好！好！」蔡先生趕忙蹲了下來，可是他太胖了，又蹲得太旁邊，竹筏晃動得更厲害。

「不要怕，我先靠邊，這旁邊有一塊沙地，可以下竹筏，這樣就安全了！」女孩用力把竹竿往河中心插，而且往旁邊一頂，果然竹筏就往沙地靠了過來。

客人身陷流沙中

不慌不忙助脫險

「先不要下竹筏，等我把它靠近那些長草的地方，那裡比較硬！」

還沒說完，蔡先生一緊張，已經雙腳往沙地上一跳。十分糟糕，那竟然是一塊流沙地，眼看蔡先生的雙腳已經陷在泥沙中約一台尺那麼深，而且稍微一動就往下沉一些。

「先不要動，身體往沙地上儘量平躺俯臥，我來想辦法。」她不慌不忙，把竹筏一頭靠近長草的地方，讓我下船，一面尋找比較靠近蔡先生的硬土壤，並伸出竹竿試看看能不能讓他抓到。

試了好幾次，都無法讓蔡先生抓到竹竿，而且眼看著他的腳又下陷了一些，情況愈來愈危急。「對了，你來幫忙把竹筏拉到這片沙地邊。」

我只能聽她的命令了，這時候彷彿她是大人我是小孩，我也才體會到死讀書不能解決人生許多無法預料的危機。

「來，我們一起用力把竹筏往他那裡靠。」竹筏已十分接近蔡先生了，她再度下達命令：「來，你拿著竹竿，走到竹筏那頭，這樣就可以讓他抓到了。」她大概也覺得我是大人，比較有力量可以拉起他。果然，蔡先生一抓到竹竿，我用力一拉，就輕輕鬆鬆地把他拉近竹筏，解除了危機。

「我載過的客人，就屬你最不聽話。」女孩嘟著嘴指責蔡先生。「不好意思，」他從滿是泥巴的西裝長褲中摸出一張百元人民幣遞給她：「算是向妳道歉！」

「謝啦！我一個月都不用再來這裡工作，這一筆錢就夠我養家了。」那是 1991 年，中國大陸工資一個月才一、二百元的時候，鄉下生活費更低。

「我要你們注意安全，你們都不聽，還好，沒丟了小命！」導遊有些生氣，難怪在太湖邊，由於水災的緣故，導遊禁止我們去乘船遊湖，丟下一句話：「你們的安全，我要負責啊！」

事過二十年，那趟驚險的竹筏之旅，我至今還無法忘懷，不知曾身陷險境的蔡先生自己是否還記得？

民國一〇〇年六月二十六日聯合報　繽紛

10. 翁排長的作戰計畫

那天野外訓練時，二兵林大城竟然摸魚，偷偷跑到一個散兵坑哈菸。煙霧飄升，他人躲著，卻很快被發現，被我狠狠的罵了一頓……

「楊排長，昨晚到你帳篷叫不醒你，否則你就有一頓豐盛的消夜吃啦！」一大早還在刷牙漱口，翁排長就怒氣沖沖的走過來向我嗆聲。

二兵摸魚被處罰

誣陷長官惹風波

「什麼事啊！」我吐掉牙膏泡沫，漱了一口水。

「你還裝蒜？大家都有輪值採買的時候，你怎麼可以信口開河批評我買的魚不新鮮？」

這下子我恍然大悟了，馬上請翁排到我帳篷，把那天發生的事向他解釋一遍。

那天到野外訓練，回到連上吃中飯時已過了中午一點，連長早就坐在幹部桌等大家了（因為他有小吉普車可坐，比我們早一步回來）。

「今天的魚不新鮮。」連長指著他咬了一口的白帶魚，大家忙著盛飯，也沒有人回應。此時早已盛好飯的我竟不知不覺接口說了一句：「白帶魚比較容易不新鮮，有腥味。」於是那天中餐，誰也沒有動那一盤魚。不過，到了晚上，連長的傳令偷偷告訴我：「你們都中計了，連長中午獨自喝啤酒，配白帶魚呢！」

「事情就是這樣。」我很誠懇的告訴翁排長。

「那怎麼會有一個二兵告訴我，是你故意破壞我的名聲呢？」翁排長半信半疑的問。

「我想起來了，是林大城告訴你的嗎？」我想到那天野外訓練時，二兵林大城竟然摸魚，偷偷跑到一個散兵坑哈菸。煙霧飄升，他人躲著，卻很快被發現，被我狠狠的罵了一頓。

「一定是他。」我說。

翁排長沒有否認，還很不好意思的跟我道歉。

「不過這小子還頂滑頭的，他知道軍中講究階級服從，不敢對你怎樣，竟然來搧動我和你發生衝突，他想看我們兩敗俱傷啊！我又沒得罪他，看我怎麼治他！」翁排長很生氣，揚言要好好修理他。

「我看算了，人難免犯錯，何況我也有不對，當眾疾言厲色訓他，他一定覺得很沒面子。」我請翁排不要生氣。

「不行，不行，怎麼可以就此算了，我一定要讓他知錯，一定要他向你道歉！」翁排長非常堅持。

排長正義感十足

教育改造大成功

「他個性那麼強，會道歉嗎？可別又惹出其他什麼事來！」我有些擔心。

「不會的，你放心，這種人不好好教育，退伍後回到社會，也是個人渣。」想不到翁排長這麼有正義感。

不久，我已漸漸淡忘這件事了，但是在一個夜間訓練的休息時間，林大城卻跑來找我，並且當場下跪，請求我一定要原諒他。

「沒那麼嚴重吧！我早就忘了！」我要他站起來說話。

「不行，排長不原諒我，我就長跪不起！」林大城哭得更傷心。

原來林大城被旅部約談，說他在軍中造謠，讓部隊人員起了爭執，引發事故，這罪果然不輕，會判軍法的，他的一生可就變成黑白的啦！難怪他要緊張。

「好啦！好啦！起來，男子漢哭什麼哭！我一定幫你說話，但你做人的原則真的要改一改，」我把他扶起來，要他不要再哭了。「而且，以後每個星期都到排長室來罰公差。」他當然一口答應，那個年代，軍法審判可不是鬧著玩的。

「你怎麼那麼快就原諒他？」翁排長認為，人一定要受到嚴重的刺激才會改掉惡習。

於是林大城近兩年的時間，都在服公差，我希望他能透過抄書慢慢變化氣質。退伍前，翁排長把他叫到面前說：「回到家鄉要真心改錯哦！」

「當然，」林大城提著行李告別時說：「而且歡迎兩位排長到寒舍玩！」

「我們去了恐怕會挨你揍吧！」我開玩笑的說。

林大城回鄉後，在家鄉經營一家小店，結婚時還請我和翁排長去喝喜酒，周遭親友直稱讚林大城為人誠懇、善良。可見翁排長對林大城的「作戰計畫」大大的成功，難怪翁排退伍後在一家民營企業擔任重要幹部，發展得很好呢！

民國一〇〇年一月六日聯合報　繽紛

11. 歷險歸來記

小毛病，不可輕忽 就這樣，帶著尿袋，參觀馬王堆，坐飛機經香港轉機回台北，一趟從沒有過的「痛苦之旅」，竟讓我在大意之下碰上了……

「太意外了，一個小小攝護腺手術，竟然動了兩次刀，住了快兩星期的醫院！」

辦理出院手續時，我羞愧的對內人搖頭表示歉意：「尤其讓你陪著住院兩星期，窩在一張小椅子上，太難為你了」。

「看你以後還敢不敢大意！」太太老實不客氣的頂了我一下。

遠赴名勝參訪

兩次尿不出來

去年初我就感到有頻尿、尿柱變細、滴尿的現象，前往泌尿科檢查，歷經抽血、超音波、切片等繁雜手續，因吃藥排尿獲得改善，且切片沒有癌細胞，也就忽視攝護腺已肥大到一般人的一倍半，沒有聽醫師勸告，開刀切除，只服用醫生開的藥。

吃藥之後，很多方面都獲得改善，更使我掉以輕心，以為從此只要按時服藥，就會沒事。特別是去年十二月初，和一群文友遠赴黃山參加詩會，第二天夜裡，竟然尿不出來，趕忙吃了一顆改善排尿的藥。雖然整夜如廁次數頻繁，且尿液奇少，苦不堪言，但第二天竟恢復正常，使我誤以為，只要吃藥，即使急性尿滯留，也可以排除。

今年五月，和一群親友組團同遊張家界六天，前四天順利遊玩了常德柳葉湖、美麗的詩牆、天門山、空中花園、芙蓉鎮、金鞭溪、天子山，雖然疲累，但面對如此絕世美景，頗覺不虛此行。

就在第四天晚上，糟了，又尿不出來，趕忙吃下一顆改善排尿藥物。然而，即使整晚頻頻起身如廁，卻只勉強擠出了一點點，心想，上次在黃山，第二天就好，也許明天會好吧！

隊友建議喝啤酒解尿

高速公路上腹脹如鼓

但是，這次不一樣了。第二天仍然尿不出來，遊寶峰湖、黃龍洞時我一點遊興也沒有，只有拚命找廁所，但都只尿出一、兩滴，痛苦無比。

中午吃飯時，告訴隊友我的窘況，大家都說多喝水，尤其要喝啤酒，才會順利解尿，想想也有道理，就喝了一杯啤酒、兩杯汽水。這下不得了，肚子更脹，更加痛苦，還是尿不出來，甚至連一、兩滴都沒有。

此時導遊說到長沙還有五小時，那裡有大醫院可以急診，只好忍耐。手上拿著一個塑膠杯，用外套蓋著，企圖多少偷尿一點，但一點都沒有。

我看著手錶，一分一秒，過得十分緩慢，雖然車子開在高速公路上，但幾百公里，豈能一下子到達？正坐不行，側左邊坐，也不行，再側右邊坐，還是不行，痛苦死了。

終於抵達長沙，行程上還有一個岳麓書院，因我早年來過，只替太太在門口照了一張相，就告訴她，我不進去了，我要去找廁所。然而，直到大家參觀出來，我還是沒有尿出半滴。

晚餐在長沙的黃興南路步行商業區，她們用餐，我去藥房買藥，只吃藥未吃飯，因為我一點食慾也沒有。後來導遊和飯店聯絡，飯店說三十分鐘車程有一家第八醫院可以急診。

無奈在長沙街上，又碰上塞車，抵達飯店已是晚上十點，此時我已腹脹如鼓。趕快坐飯店的車子到醫院導尿，一陣折騰，已是晚上十二時了，但是一旦尿導了出來，人立刻清爽不少。

提尿袋參觀馬王堆

此生難忘痛苦之旅

就這樣，帶著尿袋，參觀馬王堆，坐飛機經香港轉機回台北，一趟從沒有過的「痛苦之旅」，竟讓我大意之下碰上了。

回到台北，才晚上八點多，立刻到附近診所拔掉尿管，但還是一整夜尿不出來。第二天早上四點多，趕快到台大掛急診，再度導尿，並掛了門診，準備好處理它了。

門診醫師一聽我的訴說，竟然說：「這故事太普通了。」並建議我回之前的醫院找原來的廖醫師，因為他是台大醫師轉過去的。

熬到廖醫師有門診的時間，才找上他談開刀的事，他先幫我拔掉尿袋，並預約下星期門診，但早上拔掉，一直到下午，還是尿不出來，只好提前找他，並在星期日辦住院，星期一就開刀。

幸好手術十分順利，星期五就出院了。只是不到一個晚上，竟在清晨四點多，大量出血，只好掛急診導尿，再做一次手術清除膀胱的血塊，醫師說可能回去動作太大導致出血……總之，又住了一個禮拜。

同病房中有一位七十幾歲老翁，遠從溫哥華導尿回來，且費用高昂，花了兩萬多元，我在長沙才花了千把塊錢。

這次意外讓我得到一個教訓：不可輕忽小毛病。否則千里之外遇到危難，尤其又在山上，太危險了。也由於我太大意，沒有注意術後小心動作，才又回去挨了一刀，這下子教訓夠了，夠我一輩子回味。

民國九十八年七月九日聯合報　繽紛

12. 我那位鬼靈精學生

老師去做家庭訪問，才剛到門口，學生的父親就馬上去拿掃帚要打他的小孩。這位爸爸以為老師是來告狀的……

我那位鬼靈精的學生，第一年並不在我班上，而是高一分組時，才編進來高二義班……沒錯！就是高二義班，我記得非常清楚。

但我開始對這一位鬼靈精同學有印象，卻是在分班的前一年，而且印象十分深刻。

老師不會講台語

學生搞怪亂翻譯

話說初任教師的我，正在戰戰兢兢的編寫教案，不知如何去教這樣一班有程度很好、也有程度普通，更有幾乎二十六個英文字母都不會的學生。如此懸殊的程度，要教些什麼，煞費苦心。

教案寫著寫著，看看不理想，就把它撕了，撕了又寫，寫了又撕。此時，辦公室的會客桌那裡傳來另一班導師的山東鄉音：「王士豪，你可不能亂翻譯哦，你要老老實實告訴你爸爸，要他在家多多管教你，你太調皮了，屢犯校規。」

「會的，老師，我一定實實在在，一字不差的把你的意見，翻成台語，告訴我父親。」

王士豪轉身告訴一位鄉下老農樣貌的男士：「阿爸，老師說我很用功，很乖，你不用擔心，零用錢可以多給一些，否則在同學面前會沒面子。」

「你跟你老師講，不乖就要打，不打不行，不會進步。」老農用台語說著。

王士豪轉身對山東籍的丁老師說：「我爸爸主張愛的教育，他說有錯要多輔導，要有耐心。」

乖乖！這是什麼跟什麼嘛！根本是雞同鴨講，完全被他翻成不同甚至相反的意思。

我忍不住抬起頭來看他，王士豪發現我正在看他，居然對我做了一個鬼臉，然後臉不紅氣不喘的又繼續他的翻譯工作。

以為孩子惹麻煩
爸爸先修理再說

幾十年前，內地來的老師不會講閩南語，本地人不會說國語的情況很普遍。於是，王士豪竟然利用老師和爸爸無法直接溝通的機會，表現他驚人的古靈精怪，他的表現著實讓我印象深刻。

一個禮拜後，我因為班上一位同學家裡出狀況，奉命前往探視。在坐客運時，在車上遇見王士豪（那時我還不知道他叫王士豪，而是在交談之後才得知他的大名）。他因那一天被我撞見的事顯得有些不好意思，但他解釋說他的老師和父親兩個人都非常古板，如果說真話，回去一定吃藤條，如此做實在有不得已的苦衷。

這一點，在我任教多年後，也頗有體會。例如有一次我去做家庭訪問，才剛到門口，學生的父親就馬上去拿掃帚要打他的小孩：「老師，我知道孩子不乖，一定會好好修理……」這位爸爸以為老師是來告狀的。之後同樣的狀況在我去別的同學家拜訪時也經常發生，那時電話還不普遍，無法事先告知，常弄得十分尷尬。

老師被設計丟水球

學生機智贏得獎項

沒想到，高二的時候，王士豪竟然分在我班上，我開玩笑的對他說：「這次你認栽了吧！我可是國、台語都精通哦！」

「老師，不會啦！你這麼民主，和學生親如一家人，我哪需要來那一套？」還真是鬼靈精，嘴巴甜得讓人十分窩心。

在帶他的兩年中，我見識到這孩子的機智，令我大開眼界。例如有一次學校舉辦園遊會，頒下一個比賽辦法，其中有一個獎是最有人緣獎，其實就是生意最佳獎，此獎以所賣點券的金額高低來分勝負。

班上雖然人才濟濟，但會做行銷的不多，做出來的點心口味也平平，玩的遊戲項目打水球也十分普通。

眼看著來賓都到別的攤位去了，本班的點券卻還有一大堆，同學都十分擔心，紛紛發表意見，你一言我一語，卻沒一個人能提出比較可行的辦法。正在一籌莫展之際，王士豪往水球場中間一站：「老師，你站在這個地方，讓同學們丟水球，好玩嘛！」好傢伙，竟然設計起我來了。

但是為了表示對學生活動的支持，只得硬著頭皮往水球場中央一站，嘴裡說著：「各位同學，手下留情啊，被水球打到也很痛耶！」

「同學們，大家來報老鼠冤了，要合法打老師趕快排隊！」王士豪開始大聲嚷嚷起來，才一下子竟然來了快一百人，點券馬上賣光光。

那年頭，是還算保守的年代，打老師可是要退學的；不像現在，老師打學生，要賠醫藥費，學生打老師，老師還得給學生自新的機會。

那一次，本班居然得了「最佳人緣獎」，而且「業績」比第二名高出甚多，可以說，完全是王士豪的傑作。不難想見，王士豪這小子，後來憑著他的機伶、鬼點子多，前程似錦，有相當不錯的發展。

民國九十九年二月二十三日聯合報　繽紛

13. 他竟然覺悟了

他竟然 覺悟 了 真好 也算運氣好，住院一個月已可出院，只是不能走路，必須坐輪椅了，而且醫生說終生都要坐輪椅。林漢文大哭，直嚷著不如讓他死掉……

「林漢文又出事了，現在正在分局接受偵訊，你趕快去看看，這孩子走偏了，要設法引導回正軌。」訓導主任一臉嚴肅的告訴我。

「好，我馬上去。」騎上機車，立刻直奔分局。

學生習慣用拳頭

爸爸忙著搞簽賭

一路上想著，林漢文這孩子，不久前才在班上霸凌同學，強索「保護費」，和我談話時，一臉旁若無人：「怎麼了？老師，你不知道嗎？那些乖乖牌學生，手無縛雞之力，就只有功課好，功課好有什麼用？我的拳頭能讓他平安，不受侵犯，專心用功，花他一點錢算什麼？」林漢文滔滔不絕，的確把我嚇壞了，這是什麼思想？太恐怖了。

我當晚立刻去找他爸爸。他爸爸才四十出頭，留了短短的小平頭，一身黑衣服，有些道上兄弟的樣子，正忙著接受大家樂簽賭。他一面接電話，一面招呼我坐。我談林漢文的事才說到一半，他就打斷我的話。

「老師，你是『古意人』，對社會事就太不了解，你一個月薪水多少？我光大家樂每月淨利數十萬，我還是小咖呢！中盤、大盤更不得了。漢文能念就念，不能念就回來幫我收帳。」他拿了一顆檳榔請我，我說我不吃檳榔，就走出來了，我知道我對這樣的家長真的無能為力。以後在班上，我極力拉攏林漢文，讓他感覺我也像兄弟，可以聊天，甚至深談。果然，他告訴我心中的秘密，令我震撼。

原來他心中藏著很深的反社會思想，他說所有的人都為成績好的學生叫好喝采，成績不好就是垃圾、人渣。他父親就曾抱怨，他的同學成績好，考上醫科，賺很多錢，他說他如果有種，拿槍去搶醫生，成為十大槍擊要犯，也可以賺好幾億，可惜他覺得自己沒種，只能賣賣安非他命，簽簽大家樂。「我想，我可以比他有出息！」林漢文說這話時，頭仰得高高的。

「怎麼會這樣？」我內心迷惘著。

想不到他這麼快就被逮到分局，到底是犯了什麼事呢？我車子騎得飛快，不到二十分鐘就到了分局。一位警員正在做筆錄。我上前了解，原來林漢文組織了一個不良少年集團，自任幫主，叫什麼「飛虎幫」。警員說他們才決定要去恐嚇勒索商家，還好情報發現得早，算作案未遂，分局備查一下，請老師帶回嚴加管教。

自立幫派當老大

一場車禍換新生

我簽了名，把林漢文領了出來，那天在林漢文家和他父親聊到深夜，但沒結果，畢竟我們的觀念差太遠了。第二天回到學校，召開訓導會議，多數老師決議，為了校譽，退學處分。但我身為導師，不能不盡一點力就和大家一樣想以退學了事啊，我總要再想想辦法。

於是我把自己的看法詳詳細細說了，在做最後努力之前，絕不輕言放棄。老師們多數認為我會白費力氣。其實我自己也沒幾分信心，林漢文一直受到家庭環境的耳濡目染，觀念極度偏差，我實在一點把握也沒有。

我還是和林漢文保持高度密切的接觸，一有機會，我甚至和他勾肩搭背，希望讓他覺得老師也是哥兒們。但有一次林漢文竟然告訴我：「老師你甭擱假了啦！很惡心耶！」讓我幾乎失去信心，完全崩潰，我該怎麼辦？這樣也不對，那樣也不對，真為難啊！

但事情改變得很突然，林漢文在一次上體育課時偷溜出去，騎機車撞上計程車，全身多處骨折，腦震盪昏迷了三天三夜才醒過來。

他睜開眼看到我，第一句話問我：「我爸媽呢？」我告訴他，他父母忙著籌醫藥費，店裡工作也忙，所以沒來。林漢文別過頭去，久久都未說話。

也算運氣好，住院一個月已可出院，只是不能走路，必須坐輪椅了，而且醫生說終生都要坐輪椅。

林漢文大哭，直嚷著不如讓他死掉，這時我也不知要說什麼好，只是陪著掉淚。

回到學校之後，林漢文變得很沉默，但同學卻十分幫他，有推輪椅前進的，有抬輪椅上台階的。

林漢文後來親口告訴我：「以前我錯了！」

「沒關係，你還年輕，活著就有希望。」我送他很多殘障人士成功故事的書籍。他父親也不再賣安非他命、簽六合彩，改行了！

他父親說了句：「謝謝老師！」其實，我什麼也沒做，他們只是遇到足以讓生命轉折的事件，頓悟了，如此而已。

民國一〇〇年四月十五日聯合報　繽紛

輯三

冷水潑心肝

01. 永遠珍藏的卡片

下課鐘響了，我仍毫無感覺，仍然呆呆站著……

教到三年五班的學生，第一個感覺是懶洋洋的，愛理不理，凡事無精打采，不回答任何問題，看人的眼神是不懷好意、輕蔑的。每次從這個班出來，回到辦公室，都覺得好像經歷了一次長途奔波，經歷了一次心靈極大的折磨，總會癱在坐椅上好久好久，既不喝水，也無法做其他的事。

「王老師，又是上三年五班吧！那班學生沒救了，何必白費力氣，把一節課混完就算了！」張老師關懷的安慰我。

「王老師，這一班連他們導師也沒辦法，何必跟他們耗，我都嘛眼看天花板、地板、黑板，照本唸完，他們幹什麼，我一概視而不見，多輕鬆，校長有意見，我就請他自己去教看看！」李老師也湊了過來。

「你剛到這個學校不知道，去年有一個班也是如此，校長大人要求老師要想辦法，要有愛心，不可讓學生睡覺，要重視學生的受教權。他自己也兼了一節輔導活動課，乖乖，他真的把睡覺的學生一一叫醒，結果那一節天下大亂！」

周老師站起來比手劃腳：「校長就叫那些學生坐好，學生不聽，有走動的、打鬧的，再怎麼大聲嘶吼也壓不過學生的聲音！第二節開始，校長就不敢再叫那些學生了，大家相安無事！」

此時正在批改作業的楊老師也加了進來：「嘿！說到校長大人，他也真有耐心，他今年也有三年五班的輔導活動，排在第四節，他一進教室，學生正在吃便當，他老兄很有耐心，站在講台上等他們吃完！『同學們！現在可以上課了吧！』學生異口同聲：『還要喝湯！』等湯喝完了，校長說：『該可以上課了吧！』同學們紛紛起來繞著教室走：『校長，還要消化一下，飯後百步走，活到九十九呢！』，學生就這樣嘻嘻哈哈，鬧到下課！校長一點轍也沒有！」楊老師一向擅長演說，故事說的又流利又生動。

可是我一點也不感興趣，這是我第一年的教書生涯耶！我將這樣過數十年？太恐怖了！太恐怖了！我一定要想想辦法。可是師大四年所學，什麼教育心理、什麼教材教法我都高分呀！我也有引起動機，有注重個別反應呀！可是對這一班，我傷透腦筋，什麼辦法都沒用。有一回甚至很傷我的心，那是我下課後故意去找他們聊天，有個學生很不領情：「唉呀！老師，別假了，你們老師都嘛假惺惺！」

這可怎麼辦？我回到家裡，不論什麼時間，想的都是這一班的問題，甚至晚上想得睡不著覺，第二天眼睛紅腫的到校上課。

「老師，你傷心什麼？看你眼睛紅紅的！」三年四班的學生圍了過來，要到三年五班，必須經過三年四班。這班學生，乖巧懂事，每一個老師都稱讚。

「哈！哈！捧仙，巴結老師，哈巴狗班！」三年五班突然傳來大聲的嘲笑聲。

這一節，我站在三年五班的講台上，久久無法說出一句話，我看著他們，只呆呆的看著他們。他們最先還是打鬧、走動，像菜市場一樣的吵雜。我一句話也沒說，仍然呆呆的看著他們，我的腦袋一片空白。

時間過著，一分一秒的過著，吵雜聲慢慢小了，走動的人沒有了，漸漸的安靜了下來，整個教室一點聲音也沒有，我仍然呆呆的站著，一句話也說不出來的呆呆的看著他們。這時候，他們也呆呆的看著我。我不知道要講什麼，我的內心什麼也沒想。此時下課鐘響了，我仍毫無感覺，仍然呆呆站著。他們也沒有任何人站起來，更沒有人走出去，班長也忘了喊下課。那一節，我不知道自己是如何回到辦公室的。

「老師，我們以為你會跟其他老師一樣，你上你的。我們鬧我們的！」此時，我才發覺，一大群三年五班的學生圍在我的座位旁。「老師，我也以為你會打我們，罵我們！」，「老師，我以為你會用冷凍治療法對付我們！」一大群，你一句，我一句，但神情是畏縮的，我仍然呆呆的看著他們，然而，我竟也發現，他們的桀傲不馴的神情沒有了，吊兒郎噹的樣子沒有了。

「你們回去上課，讓我靜一靜，下一節我沒有課，讓我休息一下。」

我不知道是否自己的樣子嚇到了他們，還是他們真的體會到我的苦心。

那一天放學前，班長送來了一張慰問卡，裡面簽滿三年五班同學的名字，還有一些慰問的話，其中有一句特別叫我窩心：「老師，今天我覺得你很像我爸爸，他也曾為我傷心到一句話也講不出來。」我把那張卡片放在我的珍藏品中，我將永遠放著，永遠，永遠⋯

民國九十一年七月三日台灣時報副刊

02. 冷水潑心肝

原來記錄造假？天啊！我滿懷熱情的心被潑了一盆冷水……

那一年當老師，學校特別器重：「王老師，借重你的新觀念，新輔導技巧，麻煩你當二年三班的導師。」學務主任交給我一堆資料，親切而友善的說。

「那裡，那裡，一點經驗都沒有，還要麻煩主任多多指導。」抱著資料回到導師辦公室。

「唉呀！王老師！你也當導師呵！這可是苦差事耶，很多老師避之唯恐不及，你怎麼不拒絕？」一走進導師室，魏老師就急忙告訴我。

「沒關係，剛從學校出來，要多多磨練，對了，我看這些資料中有一本家庭訪問記錄簿，我想，先從家庭訪問做起！」我打開記錄簿隨手翻著。

「沒什麼事，急什麼急，有事再通知家長來也不遲，想當年，我和你一樣熱心，如今，懶得做什麼家庭訪問了，一來，家長常不在，二來家長總認為學生交給學校，老師就應該負全責，有事打電話比較快。」魏老師喝了一口茶，翻開報紙看了起來。

「那記錄怎麼寫？」我迷惑了起來。

「有空的時候抽一、兩個寫一寫，把印象好的選項勾一勾，看學生的表現，填一些處理意見，八九成差不到那裡！」李老師剛剛走了進來，熱心的指導我。

哦！原來記錄造假？天啊！我滿懷熱情的心被潑了一盆冷水。

「不行！我才剛出校門，我一定要憑良心辦事！」我鄭重的告訴自己，怎能一開始就老油條？

首先我選定一年級時表現不佳的三位，王正宗、朱一民和林建立。他們的記錄是：抽煙、打架、逃學，前任導師評語是「品學欠佳」、「桀傲不馴」、「無心向學」，這樣的孩子，我想一定有原因，何況他們的外表既不笨，也不其貌不揚，我該去他們家看看。

我騎著機車，先到中正路王正宗家，王生父親是牙醫，大門的招牌：「王牙醫診所」斗大的字就在眼前，我把機車停好，走了進去。

「請問有什麼事嗎？」一位穿白色制服的小姐親切的問我。

「我是王正宗的導師，想來做一個家庭訪問！不知王明山先生在嗎？」

「請坐，請坐，我父親有客人，正在樓上會客室和客人談事情！」此時樓上傳來一陣麻將聲，我心裡已有幾分知道是怎麼一回事。

「哦！和妳談也一樣，以前學校還辦母姊會呢！」

王正宗的姊姊告訴我，從小王正宗就請家教，錢花的堆起來比他還高，可是王正宗就是不爭氣，還喜歡打架鬧事，常常打傷人，還要請議員去對方家道歉，賠醫藥費。」此時樓上的洗牌聲更大，我告辭了出來，王正宗的姊姊一直拜託我要多費心。我告訴她，我會的。但是心裡一點把握也沒有，父親忙於工作、打牌、應酬，以為金錢萬能，幫他請家教就沒事？太不可思議了，我得想想辦法。

從王正宗家出來，我騎上機車，繞到中山路朱一民家。朱一民的父親經營檳榔連鎖店，我進門的時候，朱先生正在招呼生意叫我隨便坐。

「不好意思。朱一民幫我送貨去了，順便收一些六合彩的簽帳款。」朱先生送走了客人，坐了下來。

「哦！朱一民還要收六合彩的帳款，這樣……」我還沒說完，朱先生立刻告訴我：「以前的老師也這麼說這樣不好，孩子沒前途，請問你們老師一個月收入多少錢？我每個月進帳幾十萬，怎麼會不好？怎麼會沒前途？」

「朱先生，我不是這個意思，我只是怕小孩太勞累！」我轉移換一下話題。

「不會啦！你看，他從那邊回來了，騎機車，一點都不累！」

我告辭了出來，突然覺得很累，林建立家就不去了，我想起魏老師和李老師的話，是那麼深刻的在我的耳邊迴響，我想起剛才的一幕，如果所有的家長都和王醫師和朱先生一樣，我的熱情將會付諸流水，我的學生將要繼續頑劣下去，我怎麼辦？我怎麼辦？

民國九十一年八月三日台灣時報副刊

03. 布袋戲尪仔

蔡組長，你太辛苦了，換我吧！

師大畢業後第一年是實習，實習完後某一個週末，擔任指導的楊教授約同學回校聊聊心得。聊著，聊著，大家竟不約而同的聊到他們的校長。

小琪首先聊到她的校長，綽號叫「酷吏」，他告訴同仁，他來到這個學校，學校就是他的，他高興給誰當主任就給誰當主任，他說他自己就像國王，順我者生，逆我者亡，凡事不支持，就叫他滾蛋。小琪舉抽查作業為例，全校兩千多個學生，校長大人親自蓋抽查作業章，凡有他認為批改不認真者，一定退回重批，當然支持他的人，就可以比較寬鬆，凡是意見太多者，常常被挑出漏失的地方，小錯誤他可以誇大為根本沒看就「勾勾閱」，下場很慘。他常讓人莫測高深，例如他巡查校園看早讀，有班學生鬧哄哄，當天就撤換導師，大家正以為這位導師慘了之時，忽然又發佈他當組長，理由是此人不擅長輔導學生，卻可以做好行政工作。大家聽得目瞪口呆。

小芳說她們校長是園藝專家，每天巡查校園，只關心他的花木，他規定每班教室走廊要擺六個盆景，每班負責一個區的公共庭園，這些都要列入比賽。他最欣賞周主任，因為他常陪他巡視校園，和校長分享成果，尤其和記者先生的關係密切，常常找來電視台記者採訪校長、校園，讓校長頗為感激。學校中流傳著周主任的發跡史，故事是這樣的，那是周主任剛到校的第一年，只當專任教師，每日都留校到下午七點多才回家，此時校長也正要回家，每次都在校門巧遇，日子久了，校長對周老師印象越來越深刻，越來越好。最好的一次是校長到外面開會，回來時正是學校打掃校園的時間，周老師正在努力揮鋤除草，校長看了十分感動，第二學期就發佈他當主任。學校老師說，周老師原來站在學校二樓欄杆前，欣賞衛生組長鋤地種花，此時校長的車子正遠遠開近學校，周老師立刻飛奔下樓：「蔡組長，你太辛苦了，換我吧！」蔡組長剛走，校長的車子就進了校門，就這麼的讓校長感動萬分。

小珍在鄉下高中實習，楊教授問她有沒有什麼特殊觀感，小珍遲疑了一會兒說：「要說嗎？我們校長很特別耶！他被評為績優校長，今年榮升縣城裡的高中了！」「當然要說！」大家異口同聲的說。小珍說她們校長是績優校長，不過這是上面評的，老師可把人字旁去掉了。學校老師們說，校長剛到校的第一年，讓人耳目一新，每天一大早就站在校門口迎接學生，博得學生的好評，也認真拜訪地方人士，家長委員，尋求支持，尤其他認定有好的學生，升學率才會好，辦學才有成績，因此常帶著老師、主任拜訪附近的學校，設獎學金招徠成績優秀的學生，果然第三年，學校升學率大放異彩。

可是這只是表面，真正的校長是小鎮喝酒第一名，他說這是公關，常常喝得在校長室酒言酒語，上樓梯時站上去一步，倒退兩步，學校裡面愛喝酒的老師，都成了他的核心幕僚，連印刷室的工友也因為擅喝，竟和校長結拜，要印講義，先看他的心情，只要不爽，說不印就不印，誰也拿他沒有辦法。最神奇的一次是一位很認真的老師被校長召見，理由是：「印很多考卷，藉以混時間」，那位老師氣得當場掉下眼淚。

學校裡盛傳校長包工程要錢，聘老師要錢，可是總是查無實據，雖常上法院，卻都安然無事，可是學校裡面的老師，都很佩服校長的能耐。

就以聘老師為例，他都按公定的辦法，例如他會請校外的教授命題，但教授早就把題目傳真給他。有一次一位組長奉命到機場接教授到校命題，想不到飛機竟然誤點，這下子這位組長十分緊張，教授一上車，組長馬上說：「教授，來不及了，怎麼辦？」教授說：「沒關係，我早就傳真給你們校長了，我只要到校園繞一繞，證明我確實來出題就好了！」

「難道沒請學校老師命題嗎？」大家異口同聲發問。

「有啊！可是有一次他告訴命題老師，某年度的大專入學考試題目，某年度的四技二專題目要出百分之八十！」這下子大家都明白了，紛紛搖頭。小珍接著說：「這還不算離譜，校長還常和家長委員喝花酒呢！」於是，我們終於瞭解，為什麼老師們要把優字的人字旁去掉。

還有許多同學聊到她們的校長，真是「親像布袋戲尪仔，形形色色啊」，有這樣的人在領導學校，教改再怎麼改，也是鴉鴉烏，有心人，是否睜亮眼看一看！

民國九十一年八月二十九日台灣時報副刊

04. 校園降蠻牛

有一次我正在黑板上賣命的演算一題數學，並且再三解釋如何巧妙運用公式，正說明間……

由於當導師的緣故，每天都提早出門，趕在七點鐘之前到校看早讀。這一天我到得特別早，想不到一走進辦公室，張老師已經在裡面了，而且是伏案哭泣，我趕忙過去詢問是什麼回事。

原來張老師是模範導師，六點半不到就進了她當導師的教室，此時天色尚早，放在角落的辦公桌，更不容易發現有什麼異樣，張老師和往常一樣，一進門就坐在辦公桌前改作業，改了一會兒，覺得座下涼涼的，站起來一看，原來椅子上沾滿紅墨水，整件白裙子，被染得「血跡斑斑」。張老師當場被氣哭了，直奔回辦公室。難過、傷心，她一定想不到學生會惡作劇到如此傷人的地步？怎麼辦？要回家換，今天早上的課鐵定要請假，不回家換，怎麼去上課？正不知如何是好，體育老師陳老師走了進來，把自己體育課要穿的運動服借給張老師。「讓學生新鮮一下，看看體育老師花枝招展的樣子」，陳老師幽默的說，「同時妳也不要示弱，要表示無所謂的樣子，讓學生覺得沒有達到效果，很無趣。」聽說陳老師常把學生弄得服服貼貼的。

經過這一番折騰，早讀時間結束了，同事紛紛走進辦公室，一聽說張老師被學生胡整，都紛紛表示她們也有不少的痛苦經驗。

「妳們知道嗎？有一次我正在黑板上賣命的演算一題數學，並且再三解釋如何巧妙運用公式，正說明間，一位學生突然暈倒在地，並且全身抽搐，讓我嚇了一大跳，趕忙叫救護車，直奔省立醫院，怪怪的，醫生一檢查，什麼病也沒有，原來她不喜歡上數學。」周老師說。

「那有什麼了不起，我才糗呢！有一次午休，我和班上的同學約法三章，今天一定要好好午休，因為他們下午有英文課和數學課，得養足精神，她們異口同聲說好，我也因為太累了，睡得被學生畫了八字鬍都不知道，而且真巧，那天午休完畢，一走出教室，就碰到校長，我只覺得他的笑很奇怪，直到走進辦公室，才知道被學生在臉上動了手腳，妳說氣不氣人，還好，只碰到校長，若有外賓豈不丟臉丟到家了！」李老師說得咬牙切齒。

同事們你一言我一語的，紛紛道出了她們的痛苦經驗，此時的我，努力聽著，我才教第一年書，千萬別給我什麼難題，我內心祈禱著。但光祈禱有什麼用？她們是如此活潑好動而且鬼靈精。

「妳怕了嗎？」林老師看我低頭若有所思，低聲的問我。「也不是怕，總覺得應該想想辦法。」我說。

「對啊！既然選上了教書工作，就得把學生教好，以往我們都太注重成績好的，固然菁英教育可以培養國家社會的棟樑，但成績平平甚至不喜歡讀書的，往往日後在我們生活周遭，隨時會遇到，如修車、修水電……這些人沒教好，對你我的危害，恐怕很難想像……。」林老師說出他平日的觀察，我覺得頗有道理。

「我看應該先了解現在學生的特性，妳比較有經驗，應該可以給我一些指導。」我說。

「指導不敢說，互相研究可以，妳看體育老師陳老師如何？她可真有一套！但據我瞭解，她常用心觀察學生，收集學生的用語，有時候也跟她們哥兒們一番，聽說學生很聽她的話，也輔導了不少體育績優的學生升學呢！」林老師說。

「哦！對了，現在學生受到電視、網路的影響，說的話我真的聽不懂，比如有一次她們就說我「很機車」我說。

「對！前幾年我上課問學生『多恐怖』，她們馬上做了一個手勢，我看都沒看過，後來才知道是一個電視節目中學來的，這裡有一些青年人常用的語彙，妳拿去參考。」林老師交給我一份資料。

我看著看著，這不正是她們平常掛在嘴邊而我常丈二金剛摸不著大腦的話嗎？她們常用英文字母代號，例如：

「很Ｓ，原來是捌彎抹角」，「ＵＫＵＭ，幼齒妹妹」，「ＦＢＩ，很悲哀」，「ＴＡＸＩ，太可惜」「ＧＧＹＹ，很龜毛」……她們也常用注音符號，例如：「很ㄏㄚ，很想」，「超ㄅㄧㄤ，超炫酷」，他們也常用阿拉伯數字代號，例如：「２４０８８，我是你爸爸」，「１３１４，一生一世」，「５２０，我愛妳」，有時也有腦筋轉彎，例如：「小玉西瓜一滿腦子黃色思想」，「芭樂汁，胸罩」，「金排球，真難笑」，「很陳水，欠扁」，「很潛水艇，沒水準」，「台北、台中，０２０４」，「米苔目，比白目更白目」，「免持聽筒，自言自語」……我看著看著，努力的吸收這些新新人類的用語，要教育他們，除了先了解他們，還有什麼辦法？一定要先有降龍十八掌，不然也要有兩把刷子呢！

民國九十一年十二月十七日台灣時報副刊

校後補記：距今又快二十年了，變化更大。老師難為，辛苦了！

05. 朱夢難圓

奇怪，怎麼我變成麻煩的製造者？還來不及申辯……

學校老師們正在醞釀籌組教師會，大約有一半老師贊成，四分之一反對，四分之一沒意見，發起人之一的朱老師最熱心，一方面遊說同仁參加，一方面親至已有教師會的學校搜集有關組織章程細節資料。跑得汗流浹背，十分辛苦。

反對最力的是校長面前的紅人陳老師，幾乎每天來找朱老師溝通，理由不外是學校要團結和諧不要對立之類的話，但朱老師也很堅持，他認為學校沒有教師會，老師的權益無法獲得保障。

陳老師溝通到後來已經到了各說各話堅持己見的地步，學校幾位主任也出面勸朱老師不要和自己過不去，眼看朱老師還是一意孤行，這時家長會和幾位副會長找到了朱老師家。這個會長原來是先樂捐六萬才當上會長，由於願意當會長的人太多，剩下的都當副會長，每人三萬，另外還有一些熱心人士通通當家長會委員，這些出錢出力的人士，大都是地方上有頭有臉的人士，同時來到朱老師家，令人覺得事態頗不尋常。

會長首先表明來意，並諄諄勸告朱老師不要辜負家長的期望，為了孩子的受教權，犧牲一點。此時朱老師想起會長在校包工程、包各種採購，又替問題學生說項，心中有氣，不覺說話大聲了起來：「不行，無論如何我一定要組教師會。」此時家長會長見朱老師並沒把自己看在眼裡，一時也動了氣，但他畢竟見多識廣，轉頭對幾位副會長說：「朱老師太有格調，你們看著辦了！」

林副會長首先發言：「朱老師，你不要忘了許多家長要我轉告你多用心在教學上，其他的外務不要搞太多！」哦！朱老師終於明白，不久前教務主任告訴他：「有幾位家長打電話過來，要我轉告你教學用心一點！」朱老師記得自己曾問教務主任是那一班那一位學生的家長，教務主任說：「他們都不說姓名，也不說學生是那一班！」朱老師也記得曾告訴主任：「如果他們再來電，請把我的電話、辦公地點、甚至家裡的住址告訴他們，讓他們親自找我，以利瞭解真相，達到溝通的效果」，可是從那以後，就不再有人找朱老師説類似的話，也沒有人來電或親自找他，莫非此事跟林副會長有關？

朱老師正要説話，其他幾位副會長不約而同的告訴他：「學生家長對你意見很多，你還是自己多檢點，不要組這個會那個會⋯⋯」説完也不等朱老師表示意見，幾位副會長向會長説：「我們走吧！和這麼頑固的人談不出結果！」開著兩輛賓士五二〇的車子走了，留下一臉錯愕的朱老師。

過了大約半個月，人事室通知朱老師有督學到校瞭解，朱老師十分興奮，一面走一面想，這下子好了，學校如此費盡心機阻止我組織教師會，我正可以利用這個機會，好好向督學申訴，説不定還可以讓教育局長知道也説不定，全世界都准許老師組工會，只有我們連教師會都不能成立，還算民主國家嗎？正想著可能會有好機會也並非不可能之時，朱老師已經進到人事室，人事主任告訴督學：「這位就是朱老師，麻煩的製造者！」奇怪，怎麼我變成麻煩的製造者了？還來不及申辯，督學手上拿出一大堆信函，有指控朱老師教學不認真的、不務正業的、在外補習的、上課對某一位女生色瞇瞇直瞪的…督學把信件在朱老師面前晃了一下就交給人事主任：「找個機會招開人評會，看看下學期是不是可以不續聘，我還要到隔壁學校去查一個案子！」督導說完就走了，仍然讓朱老師留下一臉錯愕。

事情到了這種地步，朱老師只好尋求同仁的支持連署，可是說也奇怪，老師們一個個看到他就避得遠遠的，好像怕惹上大麻煩似的，這時反倒是陳老師最關心朱老師，他一再告訴朱老師：「只要家長說你不好，你就是不好，就連校長和家長會不合，到頭來還是校長走路，聽說不久前你太不給會長面子…」「那有，我只是堅持要組織教師會而已」「那不就得了，你組織教師會和校長對立，家長會又挺校長，不是給會長沒面子是什麼！我看這樣好了，你也到了可以退休的年齡，你就申請退休吧！」「可是現在大家搶退，我既不是六十五歲，也不是五十五歲，申請那裡會准？」這樣好了，你就申請看看，說不定會准。」

說也奇怪，第二天人事室就把退休申請表放在朱老師的辦公桌上，還時常派人事助理來「協助」他填寫，朱老師眼見同事既不支持他，看到他又像見了鬼，再堅持下去也沒什麼意思，為別人爭權益，落得如此下場，何苦來哉？想通了，只幾分鐘的工夫就填好申請表，聽說還是人事主任和校長親至縣府送件，並且立刻帶回好消息「准了！」朱老師一邊整理東西，一邊回想近三十年來教書工作，還真有些不想離開，但事已至此，也只好揮一揮衣袖走了。

歡送會上校長說了一段令人非常感動的話：「朱老師要退休了，將近三十年來在教育上的貢獻，大家有目共睹，尤其他為同仁爭取福利的決心和勇氣，更令人欽佩，雖然他退休了，我們的同仁陳老師還是十分佩服朱老師，堅持要完成朱老師的理想，前幾天終於經過同仁票選為本校第一任教師會的理事長，朱老師的宏願，陳老師一定會努力去達成⋯」校長還在說話，朱老師卻提著自己的東西頭也不回的走出校門⋯

民國九十一年十一月七日台灣時報副刊

06.
走在黑夜的曠野

什麼合科教學，我教國文，居然排給我英語話劇指導！

「你要不要去參加遊行？」九二八前夕，學校教師會理事長這樣問我。我回答還在考慮，他說其他老師都要參加，勸我不要考慮了。其實，我早就在猶豫，老師是傳道、授業、解惑的角色，人人都認為應該犧牲、奉獻，人人都希望老師忍辱負重，默默耕耘，為國家民族培育人才，如今居然要上街頭遊行，豈不奇怪？

我想起了五二〇農民在街頭遊行，棍棒與磚頭齊飛，水柱與鮮血一色，那多恐怖，還有勞工的街頭運動，還有各行各業的抗爭，那種衝擊警車，拉破鐵絲網蛇籠的畫面，會是九二八的畫面嗎？前幾天下班在等公車，許多搭公車的老百姓你一言我一語：「老師每月五、六萬，還要上街頭遊行，真不知足！」，「每一個人都納所得稅，憑什麼老師不必納？」，「十八趴的利息，真是不公不義，政府會被吃垮！」

嘿！每個月五、六萬是根據那一個人的薪水？去年我剛上任，籠籠總總也不過三萬多，領了六、七萬的人也都白髮蒼蒼快沒得領了，許多老先生還領過幾百元的月薪，莊老師年輕的時候和一位小姐談戀愛，提親時對方父親叫他去賣冰棒，竟說當老師吃不飽，至於十八趴的利息，早在民國八十四年就廢除了，還有人一直炒作，我九十年開始教書，到我退休，一毛錢也不能存十八趴，然而，我為這些上街頭嗎？這多丟臉？

就算上街頭走一趟又能如何？多麼細小的聲音，誰聽得見，正在胡思亂想，何老師走進辦公室：「唉呦！老囉！上幾節課下來，腰酸背疼，體力實在不行了！」何老師重重的坐在椅子上，我問他為什麼不辦退休？他說每次申請都不准啊！五十五歲那年沒退，如今只好等六十五了，「就怕對不起學生！」喝了一口水，感觸萬千：「要有好的體力，六十歲左右的人，不是五十肩就是坐骨神經痛，體力不好，心思也不易集中，這些不相信的人，自己可以每天在家站七、八個小時看看！不用說話，只要站著就好」「何老師，你裸奔校園一圈，一定可以退休。」

馬老師一臉笑容走了進來，他和何老師年齡相仿，可是保養有方，看來只有五十左右，體力還好得很，許多老師都知道他的秘訣：「不能太賣力！太賣力，生病請假考績乙等，大混小混一帆風順，也不必急著退，六十五還年輕。」他常掛在嘴上：「拚死了誰理你？」真的，我倒沒有注意，許多看來很混的老師，從沒看過他們申請提前退休，馬老師還曾經說：「我六十五退休還太早，現在醫藥、營養好，應該改七十五歲退休！」真有他的。

「好吧！理事長，我也參加！」就這樣學校的老師大都參加了，九月二十八日早上一大早，大家服裝整齊，坐上遊覽車浩浩蕩蕩向中正紀念堂出發。在車上，還是你一言我一語，憤憤不平。

「我在高中部任教，那一毛所得稅少了？每次都說老師不必納稅，真氣人！」高中部的周老師說。

「早上一大早去看路隊，中午陪學生吃午餐，這些國中、小的老師誰瞭解他們的辛苦？」一位小學生的家長這麼說：「什麼家長團體的代表？他們都是有心人啊！我才是真正的家長代表！」這位家長帶著孩子，主動參加。

到達中正紀念堂，來自全省各地的老師服裝整齊，秩序井然，一點也不像以往的抗爭遊行。由於人數眾多，前面的出發了好幾個小時，後面的還沒有動，我看看整個隊伍，人密密麻麻的，幾乎找不到空隙，這真是一次壯觀的遊行。在等待出發時，也有一些老師的心聲傳入我的耳裡，只是不知道當官的可有聽到？

「什麼合科教學，我教國文，居然排給我英語話劇指導！還有音樂教學更離譜了，我連琴都不會彈，怎麼教音樂？」

「年紀大了，學習能力欠佳，電腦學了半天，還是不如學生，退又退不了，真吃力啊！」

「學生家長對教改問題很多，我都不知要如何回答，教科書問題也是一籮筐，什麼九年一貫，大區域合科教學，這叫我怎麼回答啊！」

「我在大學教書，我最清楚我那些同事了，從國外引進一些別人已經實驗失敗、作廢的方法，自以為先進、高明！」一位大學教授帶著他國三的小兒子也來參加遊行。他很心疼小兒子當白老鼠，還想乾脆移民算了。

輪到我們出發時，夜色已晚了，總統府的燈也熄了，我們好像走在一個無人的黑夜曠野，誰看見了我們？又有誰聽見了我們那細小微弱的聲音？

民國九十一年十二月四日台灣時報副刊

07. 暗夜路燈

千萬不可再發福利金，作教職員工的……

學年結束了，校務會議照例改選下年度員生消費合作社的理監事，我竟然以高票當選理事，會後其他理事又公推我為理事主席。

「王老師，一年來你的負責認真，公正無私，贏得同仁的肯定。」志願當經理的蕭老師說。

「那裡！那裡！我一點經驗都沒有，蕭老師要多多指導！」真的，一年來只知道上課、下課，處理學生的事，學校裡的事很少過問，更不用說員生社了。

「其實也沒什麼事，你只要按規定辦理就可以了！」蕭老師拿了一堆有關員生社的規範書籍給我，要我先仔細閱讀。

回到家裡，花了兩天的功夫，把這些書籍看完，其中還包括「答客問」數百則，也就是問什麼可以做、什麼錢可以花……包括福利金、教職員工製做服裝等，一看，員生社的結餘居然不可發福利金給老師，也不可以利用學校運動會發給教職員「裁判衣服」，那麼，去年是怎麼發的？

趕忙請教隔壁的周老師，周老師把學校以往的做法全部告訴我。原來員生社的理監事都是固定某些人在做。後來傳出有利益糾紛才每年改選，但有辦法的人，還是可以操控選舉，這中間包括學生制服、書包的招標採購、午餐便當、飲料麵包、書籍採買……利益很大，大部份老師的嘴巴嚷嚷，什麼有人圖利廠商、中飽私囊……但都沒有實際的提出告訴行動，做事的人每逢年節，發給教職員每人兩千元福利金，做一套休閒服，名譽就叫裁判服，大家也就相安無事。

「可是，我看辦法中規定這些都不可以耶！」我好奇的問。

「所以說囉，上面規定他的，下面做我們的，不要運氣不好，沒有人告狀，一年做完，功德圓滿！」周老師埋頭改他的作業了，不再說話，我也低下頭看著這些「法令、規章」！

「怎麼辦？我才教一年，搞不好要去坐牢，那多可怕！」想到這裡，突然覺得渾身發冷。「好吧！凡事按法令準沒錯！」我這樣告訴自己。

終於開了理監事會決定要招標學生制服了，尤其一開學學生就要穿，這事一定要在暑假一開始就完成。由於經濟不景氣，招標時競爭十分激烈，得標者居然低於底標一千多元，此時我心想：學生有福了，這麼便宜，我們只要把做工、材料監督好即可。

可是一開學，註冊收費單上印的制服費，居然和去年一樣，竟比得標高出一千多元，我馬上找蕭老師。

「這是怎麼回事？」我滿臉狐疑，直釘著蕭老師問。

「哦！每年都是這樣，盈餘可以發獎學金、採購學校設備，還有人事成本……」蕭老師有條理的解釋著。

「千萬不可再發福利金，作教職員的休閒服呵！」我最關心這一點了，這是違法。

「那當然！校長是新來的，可公正得很啊！他一直認為以前的校長都在打迷糊仗，實在要不得！」蕭老師這一說，讓我放心不少：『那你就依法辦理好了！蕭老師，你是老經驗，千萬別坑我啊！』「那怎麼會，妳王老師公正無私，我們一定秉公辦理，一切合法、合乎手續！」就這樣，讓我放下一顆千斤重的大石頭。

學期結束了，員生社結帳時盈餘不少，蕭老師拿來一張請購單要我蓋章：「學校現在想增購一批電腦，讓學生有更多練習的機會。」我心想太好了，取之於學生，用之於學生，便毫不考慮的蓋了章。

後來我隱隱約約聽到不少流言。什麼快要過期的電腦啦，廠商是某立委的侄兒啦，申請的老師是校長面前的紅人啦……怎麼會這樣？我心裡實在弄不懂。

後來更聽到老師們議論紛紛。「以前某某老師主辦，我們逢年過節還有兩千元福利金、校運會時還有一套休閒服，現在什麼都沒有了，王老師也太年輕了！」「怎麼會有那麼多人選他？而且又是當理事主席？」「聽說校長暗示身邊的人選他，每一個人拉幾個，他就最高票啦！還有蕭老師志願當經理，他是黑嘴的，表面上經理最辛苦，可是好處可多呢！」

這下子完了，我的公正無私，正好被人利用，可是又能怎樣？事情都已弄到這種地步，我坐在座位上，忍不住掉下淚來。

「年輕人，以後路還多著呢！有很多人說的義正詞嚴，私底下完全不是那麼回事，習慣就好！」周老師安慰我說：「這年頭當公務員想要幹到無代無誌退休也不是容易的事！」

「我不是怕事，而是對這種事我真的無能為力！」我和周老師相偕無奈的走出辦公室，夜正暗了下來，路燈正一盞一盞亮起。

民國九十一年十二月十一日台灣時報副刊

08. 慚愧的獎牌

沒關係，我們只要把他照顧到畢業，至於畢業以後……

升旗的時候，三年三班只有不到十個人參加，站成一個橫排，和每班四、五排比較起來，顯得非常突兀，訓導主任走到我的旁邊：「王老師，怎麼學生都不出來參加升旗？」「啊！抱歉：我還沒調查，待會兒再向您報告！」我弄得又窘又糗，我當然知道主任心裡一定想：「你這導師怎麼當的！」

走進教室，忍不住狂怒，大喝一聲：「你們怎麼搞的，都不出去升旗？」學生這下子知道我真的生氣了，一個個頭低低的，不敢搭腔。

「王小明，你說，到底怎麼回事」，我找一個最膽小、最老實的王小明問。

「林正國叫我們不要出去，跟他在教室聊天，他還請我們喝飲料。」

王小明小聲的回答，我立刻知道怎麼回事了。

「好了，這次就原諒大家，下次不可以！」我趕快找一個台階下，再生氣下去，自己臉上也掛不住。

原來林正國是家長會長林明義的兒子，林明義是國術師，擅長治跌打損傷，又開了一間中藥舖，許多教職員工找他，常常義務治療，對校長主任們更是客氣，三大節少不了要致贈禮品。學校的活動經費，三萬五萬不等的捐；可惜小孩子就是不爭氣，我常常要管教他，尤其要打電話向家長會長告狀，只是林明義太忙了，每次都是他太太接的：「哦！正國不乖嗎？你可以打他啊！從小學起，我們都是拜託老師嚴格管教，不好就打！哦！對了，這個禮拜天我們村子大拜拜，老師你一定要來哦！學校校長、主任也都會來！」怎麼打？高中生了，我們要注重他的自尊心，但是講什麼道理都不聽，實在頭大。我怎能去接受招待？這豈不是拿人手短？吃人嘴軟？

想到去年六月底的訓導會議，林正國操行只有十一分，還不包括最後一個禮拜的扣分？本來想叫他轉學改變環境，可是開會前訓導處的工友告訴我：「主任說林正國不要提出討論，就讓他以會議通過的方式，改為六十分及格！」就這樣林正國升上三年級，工友蔡先生說：「不好意思啦！會長嘛！全校老師都在那裡接受他老爸的照顧，前不久，人事主任才叫林正國帶來咳嗽藥粉給他……」原來大家都知道蔡先生跟會長最好，常在林家走動，林明義當選會長，蔡先生還召集同仁送了一個巨大的匾額上面還大書四個字：「功在學校」，林正國犯錯，蔡先生一定會替他說項。教務主任喜歡喝酒，林明義會長有應酬，劉主任一定跟著去，劉主任的太太看到學校同事就說：「你們學校天天喝酒唱歌嗎？常常整夜不歸，辦什麼教育！」話雖如此，林正國二年級的學科沒有一科及格，主任卻有辦法讓他全部補考過關。

我心理有太多的糾結了，一時也打不開，只好走進訓導處：「主任，是林正國要他們不要出去升旗的啦！」「沒關係！沒關係！我故意糾正你，好讓別班導師知道我很用心，也很關心學生！」主任微笑著，一點都沒有生氣的樣子。

「那就好！只是林正國……」我還沒說完，主任說：「沒關係，沒關係，我們只要把他照顧到畢業，至於畢業以後，會長自己去傷腦筋！」主任什麼事都說沒關係，沒關係已經成為他的口頭禪了！

怎麼辦？主任雖說沒關係，但同學跟著林正國打架，只要林正國不退學，其他同學也不會退學，很多人因此有恃無恐，林正國不出去升旗，大家也跟著他不出去升旗，有一次軍訓期末考，林正國帶了七、八個同學出去喝酒，教官只好讓他們幾個再補考一次，我一個人的力量，能對抗全校嗎？

有一次一位老師有意無意間透露，說會長怪我瞧他不起，他有機會要告訴校長，怎麼讓一個教學不力，又沒有辦法的老師留在學校？這位老師也經常和會長聚餐，只是他說話的時候，好像隨意說說，不過，我心裡已經十分清楚是怎麼一回事了。

「蔡先生，你在訓導處的工作不是很忙嗎？這樣好了，升旗時間，林正國就來訓導處當公差，幫你掃地、做事，書唸不好，培養一些做事能力也不錯！學期結束時，順便替他記兩個功！」我利用一個蔡先生值班的時間，私下對他說。

「好啊！林正國這孩子其實不壞！」就這樣，蔡先生時常找林正國去訓導處幫忙。學期結束時林正國因公差記了功，也沒有升降旗缺席扣分，也沒有缺課扣分，操行成績拿了個優等。

畢業典禮時，林明義會長致完詞，對校長說：「王老師是一位優秀的老師，我要頒一個優良教師獎給他！」此時司儀喊：「家長會長頒給本屆畢業生班導師最優獎項，校長微笑著叫我上台，我從會長手中接過一個銀盾，上面寫著「功在教育」，我內心慚愧不已。

民國九十二年一月八日台灣時報副刊

09. 思潮起伏

林建立的父親做組頭，不敢報警，對方硬要簽耍賴……

晚上七點鐘，我正在看電視新聞，突然派出所打電話來，要我立刻去一趟，原來是林建立打人了。

「怎麼回事？」我匆匆趕到派出所。

「哦！妳是林建立的老師？他把一個原住民打得住進醫院，本來要告他傷害，因為林建立的父親願意賠償醫藥費道歉，對方已撤回告訴，我聽說他是貴校拳擊隊的，我希望妳訓練他們要沉得住氣、不要毛燥，他打拳技術不錯，會打死人的。」所長請我坐下，說明他叫我來的用意。

「謝謝！謝謝！我會的。」慚愧的回到家裡。

體育班已經開始一個學期了，雖然普遍有進步，家長也滿意孩子表現，比以前懂事、上進，但要跟一般孩子比那還差得多。任課老師常向我反應。

「王老師，上課還是有許多學生睡覺，叫也叫不起來。」

「王老師，妳們班的學生常躲在廁所、校園偏僻角落抽煙。」

「王老師，妳們班的同學頑皮，不但整同學，有時還整老師，他們認為很好玩。」

這一類的告狀，每天都有，就以林建立這次的打人事件來說吧，他告訴我：「老師，妳說氣不氣人，那個原住民，買檳榔欠債、買酒欠債、簽六合彩欠債，這次要來簽，父親說舊債不還，不再給他簽了，他怎麼說？他說，我簽中了，就還你了嘛！父親說不行，他就很兇，要打父親，我忍無可忍，出了兩拳，想不到把他打得腦震盪！」

「原來如此，那你就叫警察來把他帶走不就行了！」我說。

「老師，你不知道，我爸爸做組頭是犯法的，怎能報警？」林建立無奈的表示。

是啊！林建立的父親做組頭，不敢報警，對方硬要簽要賴，這可怎麼辦？我能去勸林建立的父親不要做組頭嗎？如果我是林建立，在那種情況下，我會不會為父親出手打人？我突然感到當老師多麼困難，尤其要當一名稱職、優秀的老師，學生問題有時牽涉到家庭、社會、政府的政策、學生的人格、身體狀況，太不容易了，太不容易了，我突然有些害怕，有些洩氣。

「林先生，林建立說你做組頭讓他很困擾！」我試著打探林建立父親的反應。

「老師，你不知道，我們沒唸什麼書，無一技之長，身體又有殘缺，妳說我能做什麼？」林建立的父親伸出一隻沒有手掌的左手。原來他小時候當學徒，不小心被機器壓斷手掌。

我道了歉回到學校，社會百態之所以形成，不是我的力量能改變的，正在苦惱間，排球隊的胡榮成進來找我。

「老師，下學期我就要轉學了！」胡榮成低著頭。

「搬家？」我問。

「不是，我父親接受南部一所私立學校的條件，免學雜費、住宿費，還有三萬元的簽約金。」胡榮成說。

「條件這麼好，他們怎麼知道你排球打得好？我們上次沒打進前五名！」我說。

「他們說看到我身高、攻擊的準確、速度，認為可以培養成攻擊手！」胡榮成說。

「那你自己的意思呢？」我問。

「我看我們同學雖然認真練習，但好手不多，條件好能培養的也不多，他們學校有傳統，好手多，陣容整齊，容易得前三名，保送升學整隊有份，我很想去，只是捨不得離開老師！」胡榮成眼眶紅紅的。

「對！對！每個人都要為自己的前途打算，我不反對你去，你有空也可以回來看我！」我心想，反對有什麼用？胡榮成的父親已收了人家簽約金三萬元，其他費用全免，這是公立學校辦不到的，我想到其他籃球、桌球、拳擊，目前沒有成績沒有困擾，一旦有成績了，相同的困擾一定會發生，我突然有些不想做了，我何苦來哉！搞不好帶這種學生還會砸破飯碗。正在猶豫要不要去告訴校長、會長體育班解散算了時，心中又有另一股想法：「不行，這可丟臉丟大了，弄到一半，什麼成績也沒有，何況當年選擇教師工作不就立志要和別的老師不同嗎？我如此經不起打擊，和一般上課唸書本，下課回家，什麼也不傷腦筋的人有什麼區別？不行！即使替別校培養人才，他也是國家的人才啊！」心中思潮起伏。

經過這一段時日的觀察，我的學生不只要用心指導他們功課，為他們尋出一條人生的方向，訓練體能發洩他們多餘的精力，還要磨練他們的心性，我想著，正在苦思有什麼方法，可以訓練他們可以沉著、穩重、懂事一些。我想著，努力的想著……

民國九十二年二月十二日台灣時報副刊

10. 拳擊訓練營

幾位學生混在大力奶茶店，組成大力奶茶幫……

我正在賣力上課，校長室工友交給我一張字條：「王心潔老師下課後請到校長室。」心想：「糟了，又不知是那個學生犯錯，而且是大錯，才勞動校長請我去喝咖啡。」喝咖啡是學校同仁的戲稱，其實就是聽訓，校長甄仕勵剛到任一年，常在外活動交際，美其名推展校務，很少找老師談話，只有遇到大條的事情，才找去校長室，同仁看到某老師自校長室出來，就會開玩笑的問：「去泡咖啡？」因此泡咖啡、喝咖啡成為校長有請的代名詞。

下課了，我匆匆趕到校長室，工友告訴我在隔壁的會議室開會。一走進會議室，竟然坐滿了家長。

「王老師，妳們班的學生李中偉、蘇明哲、王正宗、朱一民和林建立與秦老師那班的學生打群架，現在家長都來了，秦大利老師也在座，我們開會討論如何處理。」校長面無表情的說了一長串的話。哦！原來是這幾位寶貝，常常滋事，組成三雅紅茶幫，常在三雅紅茶抽煙、打牌、打電動，聽說還有在網咖裡面，經常鬧事，令人頭痛不已。

秦老師班上的幾位也是赫赫有名，是孫精明、趙強、陳勝華、張須琢和文練達等人，混在大力奶茶店，組成大力奶茶幫。各有各的地盤，怎麼會打起來？

會開著，討論發生的原因，如何處分，如何賠償醫藥費，兩邊的家長時有爭執，在校長握旋下，還算平和。原來事情的起因十分單純，我班的王正宗患有深度近視，路上遇到秦老師班的孫精明，孫精明以為王正宗在瞪他，因此就打了起來，兩人各自叫自己的同學助陣，演變成了打群架。學校規定打群架不論首從一律留校察看。

散會後我一句也沒有指責班上的五位同學，他們也沒有太大的衝擊，一路還是嘻嘻哈哈的走回教室。看著這五個孩子對自己前途漠不關心，反倒是我的心情十分沈重。

放學後我把他們五位留了下來，讓他們發表對這件事情的看法。

「哈！他們班的趙強塊頭大手腳不中用，我三兩下就把他擺平在地上。」朱一民高興的說著，並展示他的拳頭。

「說的也是，孫精明更不堪一擊，被我打得鼻青臉腫。」林建立也揮舞著他的右手：「我這一拳可以打一百公斤的沙包。」

「陳勝華最不講道義了，還帶球棒！」王正宗撫著受傷的手臂。

「還好，他沒打中你的頭部，否則你就翹了！」我開玩笑的說。由於和他們聊得很愉快，順便跟他們說了一個故事。也許是我在雜誌看過，也許忘了張冠李戴，但沒有關係，我的目的就是要他們有所效法。

「你們知道嗎？美國是一個種族歧視很嚴重的國家，白人瞧不起黑人，有一位黑人的小孩名叫克萊，常因此打人，被學校一所退過一所，後來到了一所鄉下學校，體育老師告訴他可以合法打人，而且有獎金，克萊十分興奮，立刻問老師那是什麼？你們猜，什麼是合法打人而且有獎金？」我故意問問他們。

「那有那麼好康的事！」李中偉說。

「就是有，你們再猜！」我還是不告訴他們。

「沒有啦！老師，真的沒有！你告訴我們是什麼好嗎？」五個人都異口同聲的請求。

「好！我告訴你們，但以後你們要聽我的，叫你們不可以去龍蛇雜處的地方，你們就不可以去，做得到嗎？」我說。

「做得到！老師快說！」他們並且和我約定絕不食言。

「那就是拳擊！克萊從鄉下縣賽、州賽，一路打到全國冠軍，甚至是世界冠軍，那就是後來大名鼎鼎的拳王阿里！」

「啊！我們知道了！我看過拳擊帶。」蘇明哲說。

「好！你們的體格不錯，手臂有力，我找體育老師給你們訓練拳擊，但有一個條件學功夫不可以用來打架，只能用來比賽。」我順勢要求他們。

「好！好！我們書唸不好，難道連拳都打不好嗎？我不相信。」林建立又揮動他的右手。

「不能只打右手，阿里最有名的是左勾拳！」我開林建立的玩笑。

就這樣，學校拳擊訓練營組織起來了，家長會長的兒子也來參加，費用大都是會長去募捐的，會長說：「我兒子賴銘偉也是喜歡打架，看看會不會訓練成打架拿獎金的選手！哈！哈！」會長爽朗的笑聲在體育館中迴盪了好久好久。

民國九十二年三月七日台灣時報副刊

11. 下次會更好

※你不是常告訴學生凡事盡力就好了嗎？訓導主任揶揄我……

拳擊訓練三個月之後，從校外聘來的教練建議成果驗收，舉辦校內比賽，採單淘汰制，輸一場就只能在旁觀戰。抽籤的結果，賴銘偉對上林建立，比賽前一天，賴銘偉就哭喪著臉告訴我：「老師，我一定完蛋啦，三兩下就被擺平啦！」我告訴他凡事只要盡力，何況這只是校內練習賽，將來到外面比賽，好手更多呢！

由於剛學三個月，比賽時笑話百出，有打不過人家的，竟跳下拳擊台溜了，惹得體育館四週同學哄堂大笑，有一拳揮空，自己摔得四腳朝天，有一陣猛打，兩人同時累得不能再打的。

而賴銘偉呢？果然一上場就被林建立打得東倒西歪，眼看著撐不到三分鐘就要被擺平在地上，這時突然有一個女生大喊：「賴銘偉，加油，賴銘偉加油。」賴銘偉一聽，正是他心目中的女神陳雅芬，突然神勇無比，連揮數拳，把林建立打到繩邊，無奈功力還是不如人，賴銘偉撐到最後還是落敗，但這一仗，賴銘偉已打出信心。

「我輸在起初不認真練習，起步比林建立慢。」賴傑偉告訴我理由。

「對！凡事要苦練，天下那有白吃的午餐，一分耕耘一分收穫。」我鼓勵他。

比賽結果不出所料林建立冠軍，亞軍是朱一民，第三名是趙強，趙胖子。

「趙強塊頭大，人又重，被我打中三拳，他一動也不動。」朱一民說：「如果不是我技術好一些分數取勝，恐怕林建立也打不過他，冠軍就是趙強了！」

「別吹了，輸了就輸了，還不認！」林建立逗弄著朱一民：「你不服氣？再來一場？」

「好了，以後多加練習，下次參加縣賽，看看能不能有好成績。」

我和他們一路邊聊邊鬧，進了教室。

鄉下地方，消息傳得很快，許多家有調皮孩子的家長均紛紛透過會長，要求「改變環境」，調到我的班上，學校不得已把功課好，品性好的和他們交換，進來一個調皮的，出去一個乖的，別班的老師都非常歡迎，只有我，可耽心死了，這麼多調皮搗蛋放在一塊，不出事才怪。

「耽什麼心呀！王老師，會長挺你，怕什麼！」訓導主任吳宜仁看出我的憂慮。

「不是耽心，是怕帶不好！」我說。

「妳不是常告訴學生凡事盡力就好了嗎？」訓導主任揶揄我。好了，到這時候，我也只好趕鴨子上架了。

調皮學生越進越多，學校乾脆就成立了「體育班」，有喜歡打排球的分成「排球組」十三個人，常可分成兩邊練習，有喜歡打籃球的分成「籃球組」，十七個人，也可分成兩邊練習，其他還有幾個桌球、羽毛球的，反正隨他們興趣，中間若要換組也可以，十分靈活自由。

然而，任課老師就要哇哇叫了，他們紛紛找我訴苦。

「王老師，學生程度差，全部都鴨子聽雷。」數學老師周正義說。

「我上國上課，台下睡成一片！」國文老師胡麗美也不知如何是好。

後來我這個「體育班」的所有任課老師一起開會，並請校長、教務主任列席，會中決定：「因才施教」，也就是任課老師自己編教材，不必和別班用統一教材，月考、期考自己評量。我也在與同學聊天中透露，要讓老師上課沒有負擔，將來升學能順利唸下去。

「你們知道嗎？以前體育保送生進去常唸不下去，為什麼？程度太差！我們只要從最簡單的學起，按部就班，將來就能有進步！」我順便告訴他們只要你多唸一點，你就贏人家了。

就這樣，一邊訓練拳擊、打球，一邊從基礎功課打起，大家忙得不可開交，也不再有老師抱怨學生難教，我自己的英文也從A、B、C……音標、最簡單的句型教起，同學學得興趣盎然。話劇也排練過三齣了。

這樣過了半年，就碰到縣運了，學校本來就有一些長、短跑選手，三鐵、跳高、跳遠也有，只有拳擊、籃球、排球因經費缺乏從來就沒有組隊參加，如今我這個「體育班」就只能勉強湊合了，由於訓練時間還短，拳擊只有林建立勉強打進第五名，籃球第一場就輸了，排球也只有贏兩場，但沒有進入決賽。賴銘偉最自豪，他逢人便說：「本來第一場我就會輸的，但陳雅芬大喊加油，我竟然贏了，可惜第二場對手太強，再加油也沒有用，看來只好回校加油了！」

這些頑皮學生，不再令人頭痛，彷彿都找到自己的路，一時雖未得獎，又有什麼關係，只要他們努力將來一定會得獎的。在回校的車上，我們一起高喊：「下次會更好！」

民國九十二年三月十三日台灣時報副

12. 揚帆待發

我想好好練拳，將來參加中上運動會，也許可以有表現機會……

學校的拳擊訓練營開始後，這些孩子果然找到了生命的春天，人生的方向，個個努力練習，又是跑操場訓練耐力，又是打沙包訓練手勁，只有賴銘偉怕苦，既不跑，又不打沙包，而且在學了幾招花拳繡腿之後，居然有小霸主的架式，在公車站對一位鄰校的學生看不順眼，把人家打掉了兩顆門牙。

對方先到學校來，家長會長賴一峰，又是找民代前去道歉，又是賠償醫藥費，忙得焦頭爛額，學校訓導會議又決議退學，我也認為賴同學既不認真，又不守規定，退學退訓應該比較可以息事寧人。想不到開會完一個小時，總務主任蔡明仁就來找我：「王老師，你知道的，會長樂捐不少錢，平日熱心校務，也常宴請老師，一定不能退學賴銘偉。」總務主任是校長的人，我得罪不起，會長更是地方重量級人士，我更得罪不起，只好說「在訓練隊上繼續留訓，但學校訓導會議決議退學，我也沒辦法。」總務主任說：「沒關係，訓導主任吳宜仁已決定讓他改變環境。」我說：「這就好，這就好，那他如何來校訓練拳擊？」蔡主任沒有回答，只回報我神秘一笑。我覺得莫名其妙。

第二天，家長會長就帶著他的兒子到我的班上來：「王老師，銘偉說最喜歡妳，我和校長、主任商量的結果是調到妳的班上，改變個環境，拜託妳了！」哦！原來改變環境是從他班調到我班上？衝著這麼多重量級的人物，我還能拒絕嗎？何況孔子說過有教無類。

賴銘偉到我班上以後，還是沒有改變，想翹課就翹，有時甚至喝得醉薰薰回來，同事都知道是會長的兒子，也都視而不見，幾個比較壞的同學還都跟著他後面起鬨，我很頭痛。但頭痛有什麼用？他就是仗著父親是會長，不會退學，其他跟班的同學也說賴銘偉不會退學，憑什麼我們會退學？

頭大歸頭大，還是要想辦法，不然全班亂糟糟像什麼話？我仔細觀察他跟訓導處工友蔡先生好像關係不錯，打聽之下原來學校與會長之間的聯繫，蔡先生扮演極重要角色，舉凡老師們送會長的當選匾額，去會長家吃拜拜，都由蔡先生負責聯絡，只要銘偉聽蔡先生的話，課餘時間自修時間何妨讓他去蔡先生處幫忙做事，做多做少不管，總不會遛出去，而且又帶一票人，發生事情，我可負責不了。

果然銘偉在蔡先生處工作，班上就平靜多了，蔡先生還記他幾次小功、嘉獎之類的獎勵，他竟然折抵了不少過。

有一天，蔡先生悄悄告訴我，銘偉喜歡上一個功課不錯的女生，她就是隔壁班的班長，功課很好，常到訓導處處理班上事務，對銘偉印象也不錯。名叫陳雅芬。

我藉機與銘偉閒聊，並且暗示他男生要有出息女生才會喜歡。從此以後銘偉果然用功多了，但由於疏於功課太久，資質普通，並沒什麼起色。有一天終於自動找我訴說心中的困境。

「其實功課好固然令人欣賞，其他方面的成就也可以令人刮目相看，你有沒有發現自己有何長處？」我安慰他說。

「我覺得體力還不錯，以前我怕苦，現在不怕了，我想好好練拳，將來參加中上運動會，也許可以有表現機會。」銘偉黯然的說，但可以看出他心中已有決定。

「好！我鼓勵你，只要有決心，你一定會成功。」我鼓勵他並拍拍他的肩膀。

從那天之後，銘偉果然像變了一個人，和同學努力訓練體力，打拳的技術，但功課上他們這些人還是鴉鴉烏。我想。即使打到中上運動會的前幾名，功課太差，保送升學還是沒辦法唸。

於是我籌組英語話劇隊，演最簡單的童話故事，如白雪公主、三隻小豬、小紅帽……等等，用最簡單的句子，實在不行時，就用國語注音，在多次練習之後，竟然還可以演給全校同學看，模樣雖然滑稽但還是博得很多掌聲。

「老師，很好玩耶！我記了不少單字。」

「老師，我們來唱英文歌吧！唱英文歌也可以學英文哦！」

「老師，班上數學好的可以幫我們忙，我們從最簡單的學起。」

你一言我一語，這批孩子竟然真的想要有一番作為了，我能讓他們失望嗎？我能不認真想辦法幫他們嗎？面對著一群即將出發上進的孩子，我內心也有一股向上的動力。好像有一艘船正在揚帆待發。

民國九十二年四月一日台灣時報副刊

13. 在漩渦中掙扎

訓導會議通過要他們轉學，後來家長會長來了，校長了又把他們留下……

「王老師，妳說氣不氣人，林嘉慧這個小孩還真奇怪，叫她唱歌，她硬是不唱，問她什麼理由，她也不說，我說如果再不唱，我就要記她過，她還是不唱……」音樂老師氣急敗壞的說個不停。

「邱老師，先不要生氣，讓我問問林嘉慧到底是什麼回事。」我接過記過單。

「不管，我一定要記她一個小過，太讓我下不了台了，太沒面子了！」邱老師氣沖沖的走了。

「王老師，妳們班的李中偉和蘇明哲不但上課起來走動，還在教室點火，這個班的課我無法上下去了！」數學老師周老師氣得滿臉漲紅。

「唉呀！周老師，我也沒辦法呀！本來訓導會議通過要他們轉學，後來家長會長來了，校長又把他們留下，你説我能怎麼辦？我們去找主任想想辦法。」

兩人一起走進訓導處，訓導主任吳宜仁正在和家長會長聊天，吳主任看到我們立刻親切打招呼，會長也點頭微笑示意。我們兩人把來意説了一遍。

「剛好，會長在這邊，你們兩位請會長幫幫忙。」主任微笑著。

「唉！我也知道今天的孩子不好教，你們辛苦了，那兩個學生的家長，一面哭一面拜託我，你們説我做會長的能怎麼辦？也只好去拜託校長讓他們暫時留下，如果真的不好，學期結束就讓他們改變環境。」會長一面搖頭嘆息，一面訴説他的苦衷。

「可是孩子一聽説要留下來，就更肆無忌憚了！」數學老師説。

「這個我知道，這個我知道，想想辦法嘛！他們也是人家的孩子，將心比心，如果他們是你的孩子，你們怎麼辦？」會長也很無奈。

沒辦法，我和數學老師只好回到自己的辦公室，我説讓我想想辦法，其實我會有什麼辦法？

望著數學老師離去的背影，我忍不住掉下淚來。怎麼會這樣呢？當年滿懷熱忱選讀師大，努力研究教育心理、教材教法，如今怎麼都派不上用場了呢？決不能灰心，先找林嘉慧來問問看，她到底是什麼原因惹音樂老師生氣。

「林嘉慧，不要怕，告訴我原因，妳為什麼不唱歌？」

「不是我不唱，我沒心情唱！」

「為什麼沒心情唱？妳可以告訴音樂老師啊！」

「她那麼兇，一直罵我，我怎麼說？我前面的同學唱《天倫歌》，我想起前不久剛過世的父母，強忍著不掉眼淚，輪到我唱《快樂頌》，我怎麼唱？我快樂不起來，我無法唱，老師，真的，我無法唱！」林嘉慧一面哭一面說。

原來林嘉慧的父母開一輛小貨車做生意，不久前車禍雙雙過世，現在和弟弟靠大伯撫養過日，這樣的情況，她怎麼快樂得起來？這就是我的不對了，我竟然無法瞭解每個學生的情況，我應該從個別談話中得知每個孩子的一切，包括家庭情況、交友、學業……我疏忽了，真的，我疏忽了，我怎能怪孩子？

「啊！原來如此，妳怎麼不跟老師說呢？我先跟音樂老師打一個電話，明天妳去向她道個歉！」

林嘉慧走了，她是個乖巧的孩子，雖然功課普通，但還不至於惡劣，我相信音樂老師如果瞭解真相，會原諒她的。由於林嘉慧的案例，使我想到李中偉和蘇明哲兩人，如果我也深入瞭解他們，也許事情不會如此棘手，我立刻把他們兩人找了來。我想多瞭解他們，決定和他們無所不談。

「導的，妳不知道我們多可憐，數學一題也聽不懂，還要乖乖坐上一節！」

「導的，妳們老師都嘛以成績看人，我們就是成績不好，我們要吵得妳們無法上課！」

「導的，我爸爸只知道花錢給我補習，我就是沒興趣，我把錢拿去花了，就是不花冤枉錢！」

「導的，妳們都是成績優秀的才能考上師大，妳們根本不瞭解啥不來的痛苦！」

「導的，我有時真想放一把火把世界燒了，把自己也燒了，這樣一了百了！」

「導的，…………」

「導的，…………」

「導的，…………」

我讓他們訴說心事，完全說出他們積壓已久的怨恨，我不知道我能做多少，但我努力的做，真的，有一天我會想到辦法，我有信心。如果連這一點信心都沒有，我不知道如何再教下去。他們願意跟我訴說心事，我知道事情已經有轉機了。

民國九十二年四月九日台灣時報副刊

14. 輕言休學

下午我去陳淑燕家看看，到底什麼原因要休學！

一大早，陳淑燕就要來辦休學，眼睛哭得紅腫，問她原因就是不說，我看看課表對她說：「下午我沒課，跟妳回家一趟，我總要瞭解原因啊！妳先回去上課。」

陳淑燕走出辦公室，國文老師胡麗美趕忙對我說：「陳淑燕國文成績很好，尤其作文能力超強，若好好培養，將來前途不可限量。妳千萬要留住她，有什麼困難，幫她解決。」數學老師周正義聽到了，放下正在批改的考卷，加入我們的談話：「陳淑燕國文很好嗎？數學可不靈光，常考十幾分，去年的甄試試題拿給她們練習，她一點辦法也沒有！」

「那周老師就多費心了，陳淑燕英文也不錯，人沒有全材的啦！」我說。

「沒關係，現在又不聯考，只要有特長還是可以發揮，其實以前我也有一位同學，書唸得鴉鴉烏，寫作卻一級棒，聯考屢敗屢戰，從很低分的寫作系，一路唸到博士，現在是名作家、名教授、名詩人……」陳老師一連說了好幾個「名」，然後接著嘆一口氣：「想當年成績特優的，甚至考狀元的，現在都沒沒無聞。」

「就是嘛！這是教育的盲點，以前大家都以總分排名次，定勝負，許多有某方面天才的人，常常在這方面挫敗，連帶的對自己的天才也失去信心，終於埋沒了，周老師，你既有此感慨，數學方面就請你高抬貴手。」我趁此良機，為班上很多數學笨蛋找活路。

「沒問題，我雖然教數學，但並不和一般人一樣老王賣瓜，只有自己的科目重要，只要生活上能應付裕如，許多生意人能加能減，能乘能除，會寫幾個中文字，還不是生意做得嚇嚇叫！」周正義並不堅持數學一定要如何高深，這下子正好配合我那些寶貝學生，說真的，要認真要求起來，他們唸十年，就一科數學也修不過，同時標準在那裡？以一中或只要有學生的我所任教的學校為準？太沒標準了。

「謝謝！謝謝！下午我去陳淑燕家看看，到底什麼原因要休學！」我拿起課本，準備去上課。

「什麼？要休學？有沒有家長蓋章？」物理老師賴正明走了進來。

「有啊！可是總要直接和家長談談吧？」我說。

「算了，那來那麼多閒功夫，只要有家長蓋章，打個電話求證一下，不就得了，王老師，妳這麼幹，不累死才怪！」賴老師說。

「謝謝你的關心，我會注意。」賴老師是有名的「混」師上課隨便教教，想到那裡，教到那裡，早上沒來，下午在點名簿上補簽，就算上課了。若教務處查到才請假補課，星期例假，一補就是四堂，預先簽好，學生自動到視聽教室看影帶，就算補完，我聽說他一向都如此，已混了好多年了，都可以退了，但他常說：「教書多輕鬆，幹嘛退呀！」可是我的個性就是學不來。校長甄仕勵來後，他變成了紅人，每天陪校長和校外有力人士喝酒，他的名言是「把校長服侍好就是良師」，教務處更拿他沒辦法，查到缺課，他會說陪校長公幹。這種人的話，我能聽嗎？不再理他，逕自走向教室。

下午，我開車載著陳淑燕到了她家，她媽媽一臉憔悴，好像生病的樣子。幾經交談，才知她和先生結婚十多年，從窮困之家，兩人一路打拚上來，今天已有一家小工廠，一棟不錯的花園別墅，可惜近來經濟不景氣，在台灣的工廠虧損連連，只好到大陸尋求機會，這下子，錢還沒賺到，二奶卻先包了，先生回來鬧離婚。

「我那會甘願？我為他們家做牛做馬，如今嫌我老了，大陸的女人年輕漂亮，我死也不跟他離婚——」陳太太越說越氣。本來已有病容，再加上沒有打扮，真是不好看，可是我能告訴她嗎？

她一連訴說著，錢都拿去大陸了，台灣的工廠和房子也都貸款，她什麼都沒有了，如何供淑燕唸書？我想也有道理，但孩子不唸書，又能賺多少錢？可是要唸書，學費、生活費那裡來？而他們夫婦的問題，別人很難幫忙，正在苦思之間，腦海突然閃過一道曙光，一線希望。剛剛開車經過一家小診所不是在徵工讀生嗎？何妨去看看。我告訴陳太太，先不要著急，要注意身體，家庭問題多請族親幫忙，淑燕就去打工，學校也有工讀獎學金，還有不到一年就高中畢業，先畢業再說。陳太太此時也六神無主，她說：「老師怎麼說就怎麼辦，走一步算一步。」我告訴她要多保重，身體才是一切。不這麼說，我能說什麼？做一個老師能管得了人家的家務事嗎？

民國九十二年五月十三日台灣時報副刊

15. 草莓風波

當學生談什麼戀愛，書不好好唸，再這樣下去……

我正在埋首改作業的時候，一位家長氣沖沖的跑進辦公室嚷嚷：「我說老師，妳帶學生怎麼帶的，竟然縱容學生亂搞男女關係？」我不明所以，因此請他坐下慢慢談。

原來是陳雅芬的父親，他說陳雅芬最近經常夜歸，昨天脖子上還留下許多吻痕，他非常生氣，狠狠的把她修理了一頓。「妳說氣不氣人？她居然敢頂嘴，說什麼現在學生都嘛這樣，那叫什麼種草莓。」陳雅芬的父親越說越生氣，一直嚷嚷要我這個老師負責。我趕忙告訴他，請他先回去，讓我調查清楚，一定給他一個交代。

原來是陳雅芬最近和林建立走得很近，放學時常一起回家，我把陳雅芬找來：「妳不是跟……」我話未說完，陳雅芬馬上接口：「他呀！

一點長處都沒有，又懦弱，又不用功，那像林建立，真有男子氣慨。」原來陳雅芬交上了林建立，我告訴她：「妳父親今天到學校來，很生氣哦！」，「他真會大驚小怪！陳雅芬一臉不高興。我知道處理年輕人的感情問題不可以太壓制、太專橫，否則反彈會更大，只好委婉告訴她男女交往要注意些什麼，還有一定要以功課為重。

然而，事情並沒有那麼簡單，第二天陳雅芬的父親又來到學校：「王老師，妳是怎麼處理的，陳雅芬昨天整晚沒有回家。」原來陳雅芬放學後，一回到家裡，陳雅芬的爸爸馬上指責她：「當學生談什麼戀愛，書不好好唸，再這樣下去，怎麼會有前途？我看明天起妳不用上學了，不如送妳去學一點功夫……」父親的話還沒說完，陳雅芬回頭就走，就這樣整夜沒有回家。

我到教室一看，陳雅芬、林建立都在教室，我回到辦公室先請陳雅芬的父親冷靜：「陳先生，孩子在教室裡好好的，你要冷靜處理，現在的孩子叛逆性很重，要小心處理啊！」陳雅芬的父親聽我這麼一說，無奈的走了。

「王老師，妳班上問題特別多啊！」李老師說。

「有什麼辦法，不愛唸書的孩子，問題本來就比較多！」我嘆了一口氣。

「其實感情問題，每一班都會發生，我以前也有帶過學生談戀愛的班，而且是資優班呢！家長鬧到上法院，孩子雙雙離家出走！」周老師說。

「那後來呢？」我問。

「那會有後來，跑了一段時間，學校只好通知家長來校辦退學，聽說兩個人生了一個小孩，不能生活，分手了，小孩送人，兩人各走各的。」周老師說。

「哦！這種學生我也帶過，小孩子丟給父母，兩個人都不要，可憐啊！現在的父母，常常要為兒女擦屁股，沒完沒了……」李老師說。

這可怎麼辦？退學就能解決問題？許多退學的學生，不論什麼原因退學，還不是把問題丟給社會？可是不這樣做，老師又有多少能耐？老師是社會問題專家？唉！太可怕了，要怎麼辦？

利用中午午休時間，我把林建立和陳雅芬找來。

「老師，我知道妳很困擾，但是年輕人誰不想談談戀愛，交交朋友？」林建立說。

「我知道，我知道，但是父母畢竟是關心自己的子女，你們也要體諒他們的苦心，這樣好了，我來告訴陳雅芬的父親，讓你們正常交往，你們最好也遵守父母的規定。」我說。

「怕沒那麼容易，我爸爸很古板。」陳雅芬說。

「那也不一定，現在許多父母不是也被小孩教乖了，教進步了，先進了。」我說。

林建立和陳雅芬回教室之後，我獨自坐在辦公室沈思，學生的戀愛課怎麼沒有教材教法？如果有，那多實用啊！我給陳雅芬的父親打了一個電話。

「陳先生嗎？我是陳雅芬的老師啦！我跟他們倆談過了，他們同意要正常交往，把心思放在課業上，如果還有什麼問題，我們再聯絡，真的要小心處理哦！尤其要戒急用忍啊！」

是的，此時除了「戒急用忍」外，還有什麼辦法？

民國九十二年六月二日台灣時報副刊

16. 樂極生悲

鄉下廟會、拜拜請客，一向都很熱情，學生紛紛請我去他們家吃拜拜，有的家長還親自打電話，想想盛情難卻，也正好可以到幾個學生家看看，我擬好的一張路線圖，先到蘇明哲家，然後是王正宗、朱一民，最後才是林建立。

蘇明哲家長是户政事務所的職員，平常交友少，人也沉默老實，辦了兩桌酒席，卻只來了三位客人，一個是我，另兩位是蘇明哲的姑姑和姑丈。

經過一番介紹寒暄，知道蘇明哲的姑丈是生意人，做的是海產批發，從漁港直接送到各大飯店、小吃攤，以前賺過一些錢，現在不景氣，半做半休息。

「老師啊！現在妳們公教人員最好了，人人羨慕，不像我們，想拼都不知從何拼起。」蘇明哲的姑丈叫邱傳發，名片上還印了不少頭銜。

「邱先生，你在外面做生意，見多識廣，我請教你，景氣真的那麼差嗎？路上還是到處塞車，百貨公司還是人潮洶湧，飯店還是桌桌客滿。」我有些疑問，利用這個機會提出。

「妳們公教人員領薪水很固定，不覺得有什麼不景氣，現在最有錢的人不受影響，什麼精品店，上萬元的酒店都還有人買，有人訂，窮人可慘了啦。」邱先生喝了一口酒。

「亂講，亂講，不要唱衰台灣。」這時又來了一個客人，蘇明哲叫他舅舅，種田人的模樣。我一聽他們兩人的對話，知道再喝下去，一定像全民亂講一樣熱鬧，不願介入只好告辭再到王正宗家。正宗的父親王明山是小鎮上有名的牙醫，上次做家庭訪問時，正陪客人打麻將，沒碰上，今天他辦了十來桌，聽說下次縣議員選舉有意參選，先試探一下鄉親的支持度。

「來來來王老師，我給妳介紹，這一位是鎮長，這一位是鎮民代表會主席，這一位是曾立委……」哦！原來一桌都是政治人物，我趕忙向他們敬了一下，借故到另一個同學朱一民家。

朱一民的父親和林建立的父親都做檳榔攤兼六合彩組頭。朱一民的父親叫朱正雄，我到的時候，客人正向他敬酒：「馬沙歐，來乾一杯，大家一起拼經濟！」原來他們的拼經濟就是拼六合彩。

「是啊！是啊！大家乾了，我希望你們以後都能中特尾！」朱正雄一杯酒直灌而下，很是豪氣。

「中特尾？大家都中特尾你就跑路了！」一位胖子客人也灌了一杯。

我聽不懂什麼叫「特尾」，就問他們：「很好賺嗎？」

「那有什麼好賺，都嘛魚累累，青冥牛簽六合彩，公教人員輸股票，大家彼此彼此！」胖子又是一杯直灌而下。看來我只好告辭了，禮貌到了就好。看看手錶已不早了，林建立家就不去了。回到宿舍，正準備洗澡，電話鈴響了。

「王老師嗎？糟了，你們班的孫精明開車載高明慧和她國中的弟弟回家，在彎仔寮附近撞進水圳，目前正在陳外科急救。」

趕忙開車直奔陳外科，此時，醫院走廊上有趙強、陳勝華和張須琢等人。趙強告訴我，他們不是本地人，都接受林建立的請客，席中一高興，大家都喝了不少酒，孫精明會開車，就開林建立家的小貨車送客，因為高明慧的母親不准小孩在外過夜，我們幾個今晚本來要住林建立家，想不到不到半小時，派出所就來通知了，這下可慘了，高明慧姊弟都身受重傷，還沒醒過來，她媽媽守寡就盼著兩人趕快長大，如今這可怎麼辦！趙胖子一面說一面哭。

「先不要著急，孫精明情況如何？」我安慰趙強。

他只有骨折，正在開刀，醫生說沒有生命危險，只是高明慧和她弟弟情況很不好。正說之間，有一位護理人員出來：「高明慧和高家龍都過去了！」這太嚇人了，怎麼一個好好的廟會，一個同學聯絡情誼的請客會變成這樣？

「你們這些孩子，我不是說過了嗎？下午學校配合民俗停課，那是怕交通問題，要你們提早回家，現在可好，出事了，我不是一再告誡你們有同樂會不可喝酒？」我一時氣極，竟像連珠砲一樣，霹靂啪啦脫口而出。同學一個個不敢出聲，只有哭泣。

「哦！對了，酒駕不是罰很重嗎？孫精明怎麼敢開車？」我問。

「孫精明抄鄉間小路，心想不會有警察，想不到反而害死兩位好朋友！」陳勝華說。

「好了，現在等高明慧的母親來，看你們怎麼安慰她！」其實我也沒有把握，那一定是一個呼天搶地的場面。

民國九十二年七月九日台灣時報副刊

17. 衝破迷霧

我的機車曾被學生放鹽巴、水、衛生紙在油缸中……

林正國開始幫忙訓練體育班學生體能後，果然學生在耐力方面大有進步，也由於這層關係，我常帶學生去給會長林明義治療、包紮，幾乎每天都有人手腳扭到，這邊那邊挫傷，如果不是林明義幫忙，恐怕光醫藥費我們就吃不消了。

「真謝謝您，會長，每次您都不收費，叫我心裡十分不安。」我說出內心的話。

「什麼話！正國在學校，靠校長、主任、老師們多費心才有今天，我能不回報嗎？何況你們還可以免費宣傳我的醫術多高明，這不就結了？」會長還是老樣子，直爽、豪氣。

「收一點材料費總要吧？」我還是覺得不太好意思完全佔人便宜。

「妳就是這一點讓我有意見，妳這麼說分明是看不起我。以前我請客，妳不來，氣管發炎，我請人告訴妳我的中藥療效不錯，妳也不來拿藥，不是看不起我是什麼？現在常帶學生來，實在給足了面子，我太高興了。」老會長一口氣把多年的心中話全部說了出來。

我真是如夢初醒，恍然大悟，以前林明義當會長，原來他認為我瞧不起他。尤其他們村子拜拜請客，他再三請我都沒去，我認為吃人嘴軟，對林正國不好管教，這下子反而錯了。我突然覺得教師工作真的不容易，許多家長的觀念和老師們的差距甚大。

比如有一次，隔壁班的導師李立群就差一點和班上學生家長幹起來，起初家長要求從寬處理學生犯錯事件，眼看拜託無用，轉而以威脅的口吻說：「你還要在這裡教下去嗎？」李立群一聽，也忍不住動氣：「不然你想怎樣？」兩人差一點在辦公室幹起來，還好，會計主任劉義財剛好進來，他是這位家長的鄰居，趕忙請他到計室去，總算化解了一場衝突危機。

又比如我有一次參加學生輔導老師座談會，會中有一位鄰校的國中老師問與會的官員：「現在學校三不政策，不退學、不留級、不打罵，請問指導員有什麼法子馴服那些不乖的學生？」官員振振有辭回答：「當老師要有兩把刷子，學生不聽課，你要設計有趣的課程，學生不乖，反抗父母、師長，你要成為學生的好友，願意聽你的，願意把心事告訴你……」我聽到這裡，真想站起來大聲說：「你自己來教看看！」還好，隔壁座位的曾玲玉老師輕拍二下我的手，暗示我不要說話。

曾玲玉老師和我同校，教化學，也帶一個班，所以來參加開會，她告訴我她已教了二十幾年了，每年開會都如此，官員官越大，學問越大，老是認為老師沒有用心，不知上進，不能隨時代進步，學生已經很先進了，老師依然落伍，對學生的觀念摸不清楚，對學生喜歡的摸不清楚，只要妳提問題，他們一定要妳再進修，比如學生喜歡上網，喜歡用網路語言，妳和她哈啦的時候，妳也要用上一些，一方面讓他信服，一方面讓她們認為妳們是一國的。曾老師還告訴我二十幾年來，她一直調整輔導方法，還是跟不上，以前三年一屆畢業生，再回頭來帶一年級新生，覺得十分不一樣，如今教三年級和二年級，只差一年就不一樣，再比一年級新生，更是新銳得可怕，自己怎麼趕也趕不上。

「妳知道嗎？我的機車曾被學生放鹽巴、水、衛生紙在油缸中，汽車車頂被鑿一個洞、玻璃被打破，每次都自認倒楣，每次都調整步伐，如今二十多年了，還是趕不上，我看滿二十五年退休算了！」曾老師一直告訴我她的經驗，台上官員指示些什麼，我們一個字也沒聽進去。據說有很多官員，自己當老師時不認真教學，只認真準備考試，如今這些不認真教書的人回來指導認真的老師，他們的理論可以聽嗎？

我想著官員的話、曾老師的話，還有老會長的話，內心百感交集，難怪校長甄仕勵要和地方人士喝酒，據說有一位校長被評為不禮貌校長，在縣議會被提出來討論，原來是議員敬酒不喝，於是這位校長變成治校無方，採購、建設都被挑剔，這位校長一時改變不了個性，時常換學校，被踢來踢去，教育界中他有個綽號：「人球！」真的，不識時務，怎能不變人球？

每次我還是很謝謝林明義會長的義務幫忙，一再表示自己年輕、沒有經驗、沒有見識，要他多多指導：「這不就對了嗎？要知道變通！」老會長說完哈哈大笑，好像他開示了一位頑固不化的人，終於開悟了！

民國九十二年八月十五日台灣時報副刊

18. 神棍騙人

一大早剛到學校，林嘉慧就在導師辦公室等我，他淚流滿面，渾身發抖，我趕忙問她什麼事。

她一面哭一面告訴我，她被一名神棍騙了，詳細的詳述他如何被騙的經過，我大吃一驚怎麼和新聞報導的情節一模一樣，什麼要淨身，要改運，要灌氣驅魔，天呀，這是怎麼一回事？

「他還恐嚇我每星期要去兩次和他同修，否則要公布我的裸照，還要驅使魔鬼迫害我大伯一家人，我父母已車禍身亡，伯父一家人若再發生事情，我可怎麼辦？」林嘉慧一面哭，一面告訴我，她們隔壁村子有一家廟宇，人們傳說很靈，可替人作法改運，想到自己父母終日奔波做小生意，竟然因趕時間，小貨車在高速公路衝撞護欄起火燃燒，雙雙死亡，這消息被鄰村廟宇的廟公林大水得知，有一天就在她們村的公車站牌前等她下車，然後故作好心：「這位同學，我看妳面帶煞氣，家中恐有禍事吧！」然後自我介紹是鄰村天靈宮的宮主。我心想天靈宮聲名遠播，而且他又說得那麼準，一時就糊里糊塗的跟他去了。林嘉慧一面說又一面嚎啕大哭。

「好好好我知道妳受了很大委屈，目前最重要的是把這個神棍繩之以法免得別人再受騙。他要妳什麼時候再去？」我一面安撫林嘉慧一面計劃著如何讓這位神棍現形。

「今天晚上，他要我住天靈宮的廂房，夜晚神明會有指示。我知道他一定又要欺負我。」林嘉慧渾身顫抖得很厲害。我心想，她怕得如此嚴重，能利用她去釣林大水嗎？不行，這太殘忍了。但沒有證據，如何將林大水繩之以法？我努力地想著，如果報警，警察是不是能順利逮捕林大水？或許可以，但林嘉慧一時心慌，也未必留下人和證據，如何將他起訴？不是有很多罪犯都因證據不足被判無罪嗎？如果報警，有其他受害人挺身而去作證，是不是可以判他刑？看來老師除了教書之外，也應該讀點法律，甚至判例，我想得頭昏腦脹，竟忘了還有在我身旁流淚的林嘉慧。等我回神來已經第一節課的時間了，想想林嘉慧心靈受創如此嚴重，如何上課？我帶她到醫務室，交代護士吳小姐妥為照顧，我想讓林嘉慧休息一天也好。

事情要處哩，課還是要上，每一節下課時間，我都在想著林嘉慧的事怎麼辦？告訴輔導室、教官室？有時一不小心，全校都知道，林嘉慧如何自處？她還要不要在這學校念下去？真是千頭萬緒，拿不定主意。

想著想著。不知不覺已到第四節的時間了，剛好沒課，我想到醫務室去看林嘉慧。醫務室設在活動中心一樓隔壁是體育室，體育老師陳淑珠剛好也沒課，我經過時她叫住了我：「王老師什麼事情讓妳愁眉不展？」我一看體育老師陳淑珠，頓時大喜過望，上次學生惡作劇，把我的衣服沾滿紅墨水，正是陳老師幫我解危，這下可有救星了，她是跆拳兩段的選手，請她幫忙，一定可以勝任。

我把林嘉慧的事情和陳老師說了一遍，我們商量如何設法讓林大水現形。方式是下午請假外出，有陳老師假裝婚姻不如意去求林大水作法幫忙。我則到刑事組報案，設法在必要的時候人贓俱獲。果然林大水一聽陳老師感情不順，就為她抽了一支籤，並且解讀為身上也有不潔鬼魂必須驅除，叫她到隔壁廂房淨身，和外傳的一模一樣，陳老師故意假裝不知中計；進到廂房中的浴室洗澡，果然不到五分鐘，林大水就裸身闖入，陳老師身手何等了得三兩下就用擒拿手把林大水制伏了。刑事幹員帶回林大水問案時，附近村子許多受害婦人紛紛出面作證，竟然高達二十幾位，還有許多礙於顏面，不願作證的婦女，可見林大水為非作歹已非一兩天的功夫。

最令人覺得不可思議的是一位國小老師，竟然和林大水同居，幫他為非作歹。警方問她理由，她竟然說：「我本來只有二十歲壽命，師專三年級時生了一場重病，是林大水救了我，我的命是他給的，我當然跟他。」真奇怪！這位女老師，竟然被唬得五體投地，平常還替林大水開車，到各地替人收驚作法，在廟中接待善男信女，林大水被警方逮捕，她還大聲到分局前抗議，真令人不解。

林嘉慧的事情終於解決了，林大水受到法律的制裁，但林嘉慧身心所受的創傷，看來我得花好長的一段時間去幫她想辦法。

民國九十二年十一月四日台灣時報副刊

19. 驚嚇過度

我和體育老師陳淑珠與警方合作逮捕神棍林大水的事情，不久就傳到校長甄仕勵那裡，我們兩人被叫到校長室削了一頓，什麼行政倫理啦，擅作主張啦，把校長不放在眼裡啦．．．足足訓了兩個鐘頭，儘管我們再怎麼辯解是為了保護學生不受二度傷害，都不獲諒解，校長問我們一句：「如果陳老師也受傷害怎麼辦？」說得我們啞口無言。「好了！下次不可如此冒失，凡事要報告學校處理，大家想一個妥當的對策。」校長沒有再責難要我們回去上課。

出了校長室，陳淑珠老大不高興，她說什麼學校會處裡，常常弄得校內外人儘皆知，當事人無法待下去。不過，我倒有不同的想法，我告訴陳淑珠這樣大的事情，當校長的居然不知，換做是我也會不高興。

「妳知道嗎？以前學校開訓導會議，討論某一個學生的記過、退學事宜，那天下午開完會，那天晚上學生就知道了，甚至有主張處分的老師被學生恐嚇，很多老師都不太敢發言。」陳淑珠還是滿肚子氣。「對了，參加開會的老師一定有人傳話，不然學生怎可能會知道？」我猜想這是問題的核心，連政治人物也免不了，開會內容常常外洩。

我們一面談一面走，路上遇到陳淑燕正要找我請假，我和陳淑珠互道再見，然後與陳淑燕走進辦公室。「妳最近常請假，都說家裡有事，到底是什麼事？」我問陳淑燕，真的，她請假太多了，三天兩頭就說家裡有事「我媽媽生病了，我帶我媽媽去健康檢查，最近她老生病，藥也吃不好。」陳淑燕滿臉憂傷的表情。

「媽媽還在為父親包二奶的事生氣？」我想到陳淑燕的父親要跟她媽離婚的事。「她說她才不管他了，要去就讓他去！」陳淑燕生氣的說。

我准了陳淑燕的假，她拿著請假單道謝而去。陳淑燕走後。剛好陳雅芬進來辦公室拿班上的作業。我叫住陳雅芬，想問一問她跟林建立的事。

「陳雅芬，妳跟林建立不錯吧？」我自己也不知從何處問起。

「他啊！風頭可健啦，那會再理我。」陳雅芬說林建立很受女生歡迎，又是拳擊選手，又是街舞高手，這年頭只要風頭健，女生一大堆圍著他：「妳知道嗎？老師，我告訴妳妳不可以告訴別人喔！還有女生賺錢給他花。「真的？怎麼賺錢？打工嗎？打工能賺多少錢？」我懷疑的問。「去跳花車歌舞啊！迎神賽會、工地秀，只要身材好，能唱幾首台語歌，賺錢卡多囉！」陳雅芬一副很神祕，又覺得好像沒什麼的表情！怪怪的。「真的，好恐怖哦！」我覺得很不可思議。

「那有什麼！還有下海援交的，還有到色情場所替客人送香煙、遞毛巾的。」陳雅芬好像很清楚，反倒是我聽都沒聽過十分驚嚇。「老師，不要大驚小怪了，妳們成績好才能上師大，妳們與中下層學生的思想差太遠了，妳們無法瞭解書念不好那種挫折感，她們只好在別的地方發揮。」陳雅芬有些憤憤不平。

「那妳看陳淑燕常請假，我替她找的工讀也沒再去了，跟這些有沒有關係？」我開始擔心起陳淑燕來。「那妳要自己問她。」陳雅芬道了再見走了。我要如何問她？她會老實告訴我嗎？我打了一個電話到陳淑燕家，是她母親接的電話。我告訴她陳淑燕常請假，請教她原因。「哪有什麼原因？還不是去賺錢養家，她爸爸把我們的財產全弄到大陸，我們不能生活，迫於無奈啊！」陳太太哭了起來。

「陳太太，不要哭，事情總會過去！」我安慰她。「什麼陳太太，我已經不是陳太太了，叫我陳淑燕她媽！」陳太太幾近嘶吼。「好好！陳淑燕她媽，我沒什麼壞意，只是要注意陳淑燕安全和正常發展。」我不敢再問下去。

「能有什麼辦法？好歹是她的命！」陳太太還在哭泣，我道了聲打擾了，掛掉電話，呆呆的坐在座位上，有些事情，我真的無能為力，我要不要去找校長商量？我苦思著。

民國九十二年十一月二十日台灣時報副刊

20. 花癡風波

林嘉慧自從發生了神棍事件以後，表現得令人十分擔心，有時喃喃自語，有時對著人傻笑，我問她最近心情如何，總是回答我：「很好啊！花開得很漂亮！」啊！什麼時候花開了我都不知道？會不會精神有毛病？

有一次我忍不住了便告訴林嘉慧我要帶她去看醫生，她竟然臉色大變：「妳才要去看醫生！妳才有病！」不得已，只好在旁冷靜觀察，看看有什麼變化。眼看著情況越來越嚴重，上課時林嘉慧一聲不響的自己走出教室，只好帶她到輔導室。

「嘉慧啊！坐下來跟主任聊聊如何！」陳主任親切的招呼林嘉慧。

「別假惺惺了，妳們當老師的，多嘛是虛情假意，尤其是輔導老師。」

林嘉慧硬是不肯坐，自個兒站在輔導室的角落去了。

「好好好，就算我們假惺惺，好吧？」陳主任一時也找不到什麼好的輔導方式，只好又把她帶回教室。那天下午我只有第一節有課，上完課簽了外出，逕自開車前往林嘉慧的家。

林嘉慧的家是在隔壁鄉的一個小村子，只有百來戶人家。我一問林嘉慧伯父名字，馬上找到了，是一個三合院，旁邊的農地還有豬舍，養了不少豬仔。我到的時候，林嘉慧的伯父正在餵豬。

「我是林嘉慧的老師，最近林嘉慧精神狀況好像不太好，您知道什麼原因嗎？」我走進豬舍，嘿！倒蠻乾淨的，完全現代化的設備，飼料、清潔灑水，完全自動化的設備，豬舍四週還綁了好幾隻大狼狗。

「老師嗎？妳問我，我正要問妳呢！林嘉慧自從父母雙亡後，心情不好一陣子了但我供她吃、穿、上學，告訴她一切都是命，要自己努力，走出一條路，嘉慧也很聰明，不久就適應了，心情不好時想念一下父母難免，但像現在這樣瘋瘋癲癲可不曾有過。」林家慧的伯父說。

「是啊！我正是為這個事情而來。」我只好告訴林嘉慧伯父神棍的事。「這就是你不對了，發生了這麼重大的事，我當家長的居然都不知道。難怪最近村子流言很多，什麼村子有一位女學生被神棍騙了，原來是嘉慧，這可怎麼辦？」林嘉慧的伯父是老實人，臉上立刻露出不知如是好的神情。

「唉呀！林伯父，我們也是為了嘉慧好儘量不聲張，也叫派出所不要發新聞稿，想不到還是有人知道。」我把處理神棍的情形老實說了：「我還被校長訓了一頓呢！」「可是老師，妳說神棍是利用林嘉慧死了父母的不幸要替她解運，而我卻聽說林嘉慧是暗戀妳們學校的一位男生，想找神棍弄符讓這位男生喜歡她，不知是真是假？」林嘉慧的伯父告訴我這件事，倒讓我吃了一驚。

「是真的嗎？林嘉慧可不是這麼說的，她說是神棍在她下車的地方等她，告訴她家中還會有厄運，她為了幫你們解厄運才上當。」我把自己知道的情形說了。「喔！原來如此，現在小孩子還真會編故事。」林嘉慧伯父說。「林伯父，我們多關心一下林嘉慧吧！這孩子也真可憐。」我告辭回到學校，心裡盤算著下一步該怎辦？這時學校正要放學，我把林建立叫到辦公室。和林建立聊著聊著，順勢把林嘉慧帶進話題。

「林嘉慧嗎？我們都說她花癡，男生都很怕她！」林建立把同學對林嘉慧的印象都告訴我。「真的嗎？那麼林嘉慧到底喜歡誰？」我迫不及待的問。「我們也不曉得，只知道誰要是多跟她說一句話，她就說誰在喜歡她，她就黏誰，男生都嚇死了！」林建立說。「哦！原來如此，那你呢？你風頭最健，有沒有黏你？」我慢慢切入問題核心。「那有這回事，我和大家都是好朋友，不可能單獨對某一個人好！」林建立搖搖頭。「那會是誰讓林嘉慧如此神魂顛倒呢？」我問。「我想大概賴銘偉吧！說來也是我不好，賴銘偉很喜歡陳雅芬，陳雅芬有一段時間跟我要好，賴銘偉一氣就故意去交林嘉慧想氣氣陳雅芬！大概是這樣吧！」林建立為陳雅芬的事第一次表示自己的不是。

「好吧！我知道一個大概，還是希望你們不要太孩子氣惹麻煩可是要我傷腦筋的呢！」我叫林建立可以回去了。

看來林嘉慧的情況，可真要我傷一陣子的腦筋，學生問題真是五花八門啊！

民國九十二年十二月四日台灣時報副刊

21. 毛頭小子點子多

林嘉慧自從發生事情以後，我觀察她常目光呆滯，傻傻地望著遠方，有時拿起筆記本亂塗，甚至把一整本簿子畫滿亂七八糟的線條，有紅的黑的綠的藍的，同學都覺得她很怪，不理她，我反而常藉故親近她，企圖以友情溫暖她受創的心，但效果不大。

日子一久，我感覺到有同學對她指指點點，有時候聽不清楚他們說什麼，有時又彷彿聽到什麼「子宮外孕」、什麼「蛤蜊不開」什麼「小籠包」之類的話，我聽得莫名其妙，只好找林建立來問。

「林建立，你們說誰小籠包啊！」我真的不知其意。「老師，妳別裝蒜了，否則我要說妳六月水仙喔哦！六月水仙不開花裝蒜是你們那一代的用語，我們也有自己的用語，妳是真不知，還是假不知？」林建立一臉調皮的樣子，硬是不告訴我。「好，不告訴我，我問別人去！」

我也故作生氣狀。

「好啦！好啦！老師我告訴妳哦，但妳也不能說是我說的，否則同學會給我一座五指山的。」林建立又是一句他們年輕用語，原來是會被同學打一巴掌，嘿！還真有點想像力，想像當年我們從外型上刻劃叫做賞妳五爪龍，五指山真是多拐一個彎。

「好，好，最好你把全部的用語都給我，否則，我挨罵還不知道呢！」做一個老師不能再道貌岸然了，進入學生的生活領域，深入了解他們的心思實在太重要了。

「我們認為林嘉慧有點自閉，所以說她『蛤蜊不開』，有些奇怪，有人認為像『怪胎』，所以說，『子宮外孕』，至於『小籠包』嘛就是說『裝可愛』的意思啦！」林建立一付沒什麼困難嘛的樣子，「其實老師，妳們那一代有自己的用語啊，比如說LKK是老，SPP是土，不過用久了就覺得沒意思，我們當然也要有一些創意。不然，妳們上一代的人老是說我們水蜜桃族、草莓族，那有的事，我們FBI族──很悲哀族，我麼們要到超市打工，要到加油站打工，去晚了，連工都沒得打，畢業沒頭路，只好延畢，老師，我們是不是要去02一下（抗議一下）？

「其實每一代都有每一代的苦惱，像我父母那一代，剛二次大戰完畢。一片荒蕪，有地瓜吃已經萬幸了！」我正要以「孟子降大任於斯人也」開示林建立，林建立搖搖頭說：「老師，不要說那些，那些太『哈姆雷特』──太高深了！」「哦！原來哈姆雷特是太高深了，我還以為同學罵我再訊下去會發生悲劇！」我苦笑著。「說話本來就是傳達情意，我的話妳懂，妳的話我懂，就可以溝通。」林建立終於指出了師生間的困境，原來我們的話彼此不懂。

「對嘛！老師，你們當老師的日常用自己的觀點，自己的經驗來看我們，妳還好，很多老師都是『天使』──天下掉下來的狗屎，真的很不用心，，真的很沒耐心，有的又『很閃』──很囂張，將來賠五十萬、一百萬的老師會越來越多。」林建立居然批評起老師來了。

「你的話有部分道哩，但聽話要聽好話，要往好的地方去想。」我還是忘不了老師的職責，還是要設法說服林建立。「話就是話，什麼用意我們一聽便知。」林建立反駁我。

「那也不一定，我說故事給你聽，從前有一個讀書人上京趕考，在途中遇到一位相命師，他心想考前卜個卦看看考運如何。相命師就請他在紙上作畫，這位讀書人抬頭一看，牆上正長著一顆鳥榕，天上有一個大太陽，竹竿上反晾著幾件衣服，就順手畫了『牆上種樹、穿蓑拿傘、反穿衣服』等幾個圖，你說相士怎麼說？」我故意賣關子。「我怎麼知道，老師快講！」林建立聽出興趣來催著我快說。「好，我告訴你，相士說，牆上種樹表示不可能活，他這次進京考試無望，穿蓑拿傘表示多此一舉，因為大太陽打什麼傘穿什麼雨衣，至於反穿衣服，表示不得其門而入，反正不用考了，不會考上的。」我停了一下。「對啊！說的很有道理，不過那是迷信耶！」林建立不以為然。「對，說的很有道理，但另外一位像士走過來說，錯了，牆上種樹表示高中，高高的種在上面，穿蓑打傘表示加官，加冠也，反穿衣服表示你要翻身了，讀書人聽了十分滿意，逕自進京趕考去了！」我問林建立：「話是不是要聽好話？」「對了，這樣讀書人才有信心進京趕考，好，老師，我一定把我們的用語每一句都寫出來供妳參考。」林建立滿意的走了。我看還是多關心一下林嘉慧，我怕她想不開啊！

民國九十二年十二月十九日台灣時報副刊

22. 新鮮人的密語

體育老師陳淑珠多次幫我大忙，感激在心，有事沒事就往她的體育室跑。這天剛好早上沒課，陳淑珠也是下午才有課，便在體育室和她聊起來。「我說陳老師啊，妳上次給我的青年語錄又落伍了，什麼很Ｓ—拐彎抹角，什麼ＵＫＵＮ—幼齒妹妹，現在都屬於ＬＫＫ用語了，我們真的老得很快，每一年都長了十歲！」我坐下來，拿起林建立給我的最新版青年語錄。「可不是，當老師連霹靂火那種節目都要知道，否則什麼如果不爽要送你一根火柴、一桶汽油、一塊蛋糕是什麼意思都不知道。」陳老師幫我倒了一杯水，對我的話題有同感。「對啊！現在資訊發達，學生人數眾多，一有新鮮的話，馬上在網路流傳，一下子學生全都知道，只有老師不知道。」我喝了一口水拿出林建立給我的新鮮人密語：「妳看，以前學生使用數目字來情表達意，什麼０２０４台北台中，什麼１

314—一生一世，520—我愛妳，現在又多了一些數字代表了，比如02—抗議2030我愛妳想妳，546—我輸了，最厲害的就是把07734反過來看居然是英文hello打招呼的意思，不信妳把數目字橫寫然後反過來看。」陳老師在紙上寫著，然後大叫一聲，嘿，果然是打招呼。

我們把林建立給的語錄，分門別類，寫在一張紙上準備分給學校老師參考，這時候一直想退休而退休不成的趙老師走了進來，看到我們便大嘆一口氣，坐在我的旁邊，一句話也不吭。「趙阿姨，幹嘛嘆氣，今年退不成還有明年，哪像我們才教一兩年，要到什麼時候退休啊！」我幫趙老師倒一杯水，剛到學校，趙老師最照顧我，我都叫她阿姨，她也喜歡我這樣叫她。她是電腦白痴，學了就忘，忘了再學，手忙腳亂，我乾脆幫她做了。

「妳不知道啊！退也不成，做也做不來，苦啊！我知道我們不行，妳們年輕人行，我退了，妳們進來，不是美事一樁，偏偏就是沒錢，就是不准，苦啊！」趙老師唉聲嘆氣，連我們在寫什麼都沒興趣。聽說學校已把五十歲以上的老師，列為太上老師，有免兼導師的權利。

「趙老師，妳看，現在年輕人是不是很有創意，什麼作家是坐在家裡，天王是天生的王八蛋。」我想利用林建立給的語錄，吸引趙老師的興趣，也許對青少年會產生一點好感，沒有好感，怎麼有耐心教他們？「唉呀！別說了，什麼玩意，次文化，高級的東西不學，學什麼負面的人物劉文聰！」趙老師一口否定，天啊！這難道是年齡的關係？我突然想到任何行業都可以規定多少歲數、多老退休，唯獨教師，沒有熱誠，老人心態，就該退了，否則，學生豈不可憐加三級？

「是啊！是啊！趙阿姨，學生確實不學好，不知上進，可是我們也年輕過啊！」我不敢完全反駁趙老師。「就是嘛！但我們那時的年輕學子，多刻苦啊！幫忙家裡幫忙這幫忙那，多節儉，根本沒什麼零用金，那像現在的孩子，左手薯條炸雞，右手可樂，吃得一個個小胖子，都要上減肥班。」趙老師對學生的印象都是負面的。我們正聊著，有位客人帶著兩個小孩子了進來，一看到趙老師，馬上親切的打招呼。

「老師，我是妙如啦！妳還記得我嗎？」原來是趙老師以前的學生。「怎麼不記得？正良呢？怎麼沒一起來？」趙老師站了起來，走上前去摸摸兩小男生的頭：「長得真可愛，像極了蔡正良。」

「唉！別提他了，我們早分手了，老師當年妳的話沒錯，勸我以學業為重，感情的事畢業後再說，我就是沒聽妳的話，這幾年，我好慘哦！」李妙如竟然哭了起來。「別提過去了，那時候妳還誤會我呢！」趙老師很像母親在安慰女兒，兩個小男生呆呆的望著他們的母親：「那時候，我三更半夜常接到不出聲的騷擾電話，每晚十二點、兩點、三點按時叫我起來小便。」「老師對不起，妳的話，我後來再三反省，一句話也沒錯，蔡正良一點出息也沒有，又是賭，又是喝酒，又是女人，真的四育全能的優良學生，我本來也是認了，曾經到風月場所賺錢供他揮霍，想不到後來還動手打我，只好和他離了，自己養兩個小孩。對了，目前我和人投資茶葉的生意，老師，妳要幫我推銷哦！」

我和陳淑珠在旁聽著，原來當老師就是這樣早些時候的勸告，她不聽、不信邪，有問題了才找老師。我們彼此相視而笑，有很多話只好心照不宣。有很多事，大概都是如此吻！教育這條路真想叫專家們自己也來走看看。都是只會空談理論的人啊！

民國九十三年一月六日台灣時報副刊

23. 戒指惹的禍

我開始對林嘉慧擔心起來，她如果只在一般PUB工作，倒是還好，問題是那間PUB，好像十分神祕，門口有保鑣，到處設有監視器，收費又男女區別，這是什麼的一間PUB？

可是以林嘉慧目前的情況，我勸得動她嗎？我要不要報警？警察又能給我什麼樣的幫忙？報上不說有時候他們不太理這種小案子，沒出人命就是小事，那我要不要告訴她伯父？要不要向學校報告？一時想不到好辦法，苦惱異常。

正在苦惱間，物理老師賴證明走了進來：「唉呀！真累人啊！教這些智商零蛋的學生，真是一苦也！」賴老師重重的坐在自己的椅子上，他八十幾公斤的噸位，差一點就把椅子坐垮。

我沒有理他，他自說自話，說真的，我對他印象並不好，他上課從不帶課本，想到那，就教到那，學生常摸不著頭緒，反應到校長那裡，也沒什麼用，每年總要照規定排滿節數讓他教，誰被教到，誰倒楣。「嘿！我說王老師，怎麼一臉愁苦，沒什麼事想不開的吧？何必為那些牛頭馬面的學生難過。」賴老師故作關心狀。

「你不要說我那些學生牛頭馬面，那也是人家的心肝寶貝，人家的心頭肉。」我們沒好氣的回他兩句。

「唉呀！何必呢？三年平平安安把他們弄出去了，薪水拿回家養家，這才實在，你想想看，去年年底，隔壁學校的吳老師不到五十歲，上課中暈倒送醫不治，誰又給他立銅像？」賴老師是有名的「亡牌」老師，我不想再跟他扯下去了。就回說：「好了，不要再說了，我頭疼得要命，讓我安靜一下。」

我看一看課表，三、四節沒課，正好可以再去看林嘉慧，因此到主任那裡填家庭訪問外出單。「王老師，妳真的那麼認真家庭訪問？」學務主任吳宜仁不太相信的看著我。「學生問題多嘛！不好意思啊！」懶得跟這樣的主任囉嗦，逕自出了學務處。

「老師！妳實在不用這麼費心了，我自己有自己的人生規劃，我要活在成功的巔峰不然就要活在最失敗的峽谷。」林嘉慧對我再度來訪有些不耐。「老師，我叫小咪，高中剛畢業，比嘉慧大幾歲，我會照顧她啦！妳放心。」睡在林嘉慧旁邊的女孩，此時坐了起來，還一臉睏相。「你們這樣男男女女雜處一室，不太好吧？」我問小咪。「妳可別想歪呵！我們只是節省一點房租，妳看，每一個人中間都隔間一些雜誌報紙，誰要越界，誰就罰一千元！」小咪說這是她立下的室規。我怎能相信她們呢？小伍睡得不知道我的到來，而他的睡姿和上次見面的酷完全不一樣，縮成一團，好可憐的樣子。

「另一位呢？」我聽說她們一共住了四位。「妳是說小傑啊！他一大早到公園背英文去了，他最有志氣，說明年一定要考上台大，他在PUB打工賺了錢就是為了繳補習費。我告訴妳哦！小傑人緣很好呢！有一位舞小姐阿貞很喜歡他，聽說準備叫他搬去一起住，供他補習。」小咪話比較多，我看應該從小咪下手，也許可以問出一些眉目。

「那小咪妳自己有什麼計畫？」我單刀直入，不拐彎抹角，直接就問小咪的人生計劃。「我啊！想往演藝事業發展，我在PUB工作，賺的錢大部分花在上演員訓練班，學費貴得很啊！要在一場戲裡面演一個小角色，送紅包都免不了！」小咪搖搖頭嘆了一口氣。「倒是林嘉慧運氣不錯，最近釣到一位小開，鑽石戒子一送就是兩百萬，卡讓她無限刷。」小咪話閘子一開，好像沒完的樣子。

「嘉慧，真的嗎？」我面對嘉慧，總是不放心。「騙妳幹嘛！妳看！」林嘉慧伸出右手，上面果然戴了一個大戒指，戒指上的寶石，應該說鑽石果然閃閃發亮。「能借我看下嗎？」我要林嘉慧把戒指讓我看一看，摸一摸，除了在櫥窗外遠遠觀望外，我還沒摸過這麼貴重的鑽石戒指。

「那有什麼問題！他還送我法拉利的轎跑車呢！」林嘉慧得意的說。

此時正有人敲門：「我們是警察，林嘉慧是不是住這裡。」也不等我們開門，三位警察壓著一位男子就自己進來了：「你說林嘉慧是不是那一位！」警察帶來的男子正是林嘉慧口中的小開，原來是慣竊：「還有一些鑽石珠寶呢？」「在房間角落的木板床下」這位林嘉慧口中的小開，原來偷來的東西，就都放在林嘉慧租屋處。「警察先生，我真的一點都不知道，他說他是某某公司的小開，你們看，他還送我這麼大的鑽石戒指，他藏東西都是利用我不在時候藏的，我一點都不知道．．．」林嘉慧哭求著。

「這麼大的鑽石戒指？」一個警察拿過來瞧了再瞧：「妳知道這是假的嗎？只要三、五百元就可以買到了！」警察把那個所謂的小開帶走，林嘉慧也要到警察局做筆錄，只留下我跟小咪。

「這孩子就是令我不放心，總以為自己長大了，什麼事都自做主張，這下可好了吧！」我嘆了一口氣。「王老師，說真的，難得有妳這麼好的老師，以前我們老師都嘛先求自保。不過，妳這樣冒險，有時候也要自己小心！」小咪倒是關心起我來了。

看來我要到派出所去了解一下，說不定林嘉慧，還要我交保呢！從林嘉慧租屋處出來，心頭亂糟糟的，怎會這樣？怎會這樣？一連串的問號，在腦中一直起伏。

民國九十三年二月六日台灣時報副刊

24. 找卡的女孩

林嘉慧突然好幾天沒來上課，也沒請假，打電話給她伯父，她伯父也不知道她到那裡去了，我真怕會出事情，趕忙找林建立詢問，也許能問出個方向。

「她嘛！她說她不唸了，書念再多也沒用。」林建立簡單回答我的問話。我心想，這下可好，不念書能到那裡去？聽林建立的口氣，好像知道她的下落。「老師，我告訴妳，妳可不能說我說的哦！」林建立塞給我一張紙條，有地址，有電話，還有店名，這不是一家很有名的PUB嗎？她去那裡幹什麼？我恨不得立刻去找她。「老師，這家店晚上才有營業，白天去也沒用。」林建立對這家店情形十分瞭解。

「你也常去？」我試著探林建立的口氣。「那兒的話，我是窮人家子弟，那是高級消費的地方，我那有錢去，告訴妳，老師啊，一杯酒上千元，至少要買三杯以上才有小姐坐檯，手上沒有雙B的鑰匙在中指旋轉，可沒人會來理你！」林建立嘆了一口氣：「什麼時候，我也開一輛保時捷跑車前去拉風一下！」「小孩子想太多了，你的歪腦筋不校正一下，保準那天會出事！」我半開玩笑的說。「老師！我說著玩的啦！那種地方不是我們能去的，門口的保鏢也不會讓我們進去！」林建立吐了吐舌頭，好像那是一個非常神祕的地方。

「那我怎麼去找林嘉慧？」我倒著急了起來。哦！那個地方啊！女生進去免費，往吧台一坐，保證有男人來請喝酒，至於男生，可沒那麼好，入門要買票，酒每杯又貴得離譜，請小姐跳舞，小費也不薄，總之，那是男人花錢的地方，老師，妳聽過火山孝子嗎？」林建立好像要考我。「那沒聽過，小說中多的是，描寫聲色場所的三流小說多的很只是我看不下去，電視台的肥皂劇也很多，可惜看不到三分鐘就跳台。」我只好老實說。

「這就是妳們老師落伍的原因了，什麼日本進口的沒水準，不看，鐵獅玉玲瓏，胡鬧不看，這個不看，那個不看，妳能了解多少學生？」

林建立反倒變成教訓老師的口吻。不過，他說的一點都沒錯，我們常選一流的奧斯卡金像獎電影看，聽音樂不是貝多芬，就是華格納，那知道年輕人又是孫燕姿，又是F4？「好了，林建立，不要扯那麼多，我快急死了，你說我有什麼辦法找到林嘉慧？」我真的十分著急。

「這樣好了，明天早上我帶妳去林嘉慧住的方找她，這樣比較好講話，可是，我話說在前頭，我可不進去哦！」林建立這個鬼靈精，難怪許多女生迷他迷得要死。「好！好！但她住的地方有無危險啊！」我其實也些膽怯起來，不是很多很熱心的老師，弄不好，自身發生危險，連工作也不保。

「這樣好了，我每三十分鐘打妳手機一次，妳只要回答說正在上課，忙得很，下課再聊，這樣我不就知道妳很安全嗎？」林建立還是有點小聰明。

第二天林建立果然帶我到林家慧租屋的地方。那是一棟四層樓的公寓，聽說都是分租給特種行業的人，我去敲門，足足有半小時，還不見人來開門，此時手機響起，我告訴林建立，我還不得其門而入。

大概沒人住吧？我用力猛捶，也許她們都睡死了，當然了，夜生活的人，早上都睡到中午。

「誰啊！這麼早吵死人！」一個十六七歲的小男生，在門縫裡罵人：「吵什麼吵，這裡不買任何東西，不要來推銷了！」「哦！我找林嘉慧！」我用力一推，不等他開門，直接進入房間。這是一間小套房只有七八坪大小，沒有任何桌子、椅子，只有四個半大不小的孩子，各自綣曲在一個角落。我走到林家慧的旁邊。他還睡得不醒人事。

「嘉慧，我是老師啦！我來看妳！」我在她身旁坐下。「哦！老師啊！我已經決定不唸了，退學算了，也不必辦休學了，我現在只要有卡就可以了，有卡，什麼都有，可以買美麗的衣服，可以去美容！我真討厭我的長相！」林嘉慧還是躺著沒有站起來。

「好！好！嘉慧，妳說什麼都對，但妳們男男女女同住一間小公寓，不太好吧？」我關心的問「哪有什麼關係，妳說小伍啊！小伍跟家人鬧翻，在PUB當保全（其實是保鏢），不必聽父母的教訓，不必聽老師說教，多自由！嘉慧指著開們的小男生。「你叫小伍嗎？」我親切的問：「什麼名字？」「妳不必知道得那麼多，反正我是對父母失望，對社會失望，我要靠自己闖出一片天空。」小伍的神情，好像全世界的人都虧欠他。

「你那麼討厭你父母？」我懷疑怎麼有這樣的小孩。「那當然，從小叫我學英文、美術、書法、珠算、鋼琴……一大堆補習，把我都累慘了，他們如果死了，那才能海闊天空……」小伍面無表情的說著。

「那麼如果給你一千萬，永遠不要跟父母見面，你願意？」我問了個自己都莫名其妙的問題。「好啊！就是沒有一千萬，我也不想再見他們！」真酷啊！這個小男生，是不是有很多中輟生都如此？專家們有沒有用心去探討這個問題？

「老師！」林嘉慧叫了我一聲：「不要管別人的事了，你要的是找到我，現在找到了，你可以回去了，不用多費心，我會成功的，妳知道嗎？我遇到一位小開，給我一張卡，任我刷，我上星期就把它刷爆了，誰有卡給我，我就跟誰，下一個男人只要給我兩百萬，我一定要好好去全身美容一下，哼！那個林建立，什麼東西嘛！呸！將來我連看都不看他一眼！」此時手機響起：「對不起，我正在上課，下課再談。」林嘉慧懷疑的看著我，想來她也知道我們在玩什麼把戲。「好了，嘉慧，隨時和老師聯絡！」我給她手機號碼：「如果遇到任何困難，第一個要先打電話給我，我永遠愛妳、支持妳。」林嘉慧兩眼濕濕的，可見她還是有感情的。我和林建立回到學校，絕口不提林嘉慧的事，我有能力去處理她的問題嗎？我沒信心。真的，我一點信心都沒有。

民國九十三年四月二日台灣時報副刊

25. 歡聲雷動

我和賴銘偉詳談了很久，最後我告訴他：「你的個性很衝動，和林建立差不多，好處是急公好義，缺點是往往把事情搞砸。就像上次班上同學和別班也糾紛，本來已經沒事了，你事後才聽到，不分青紅皂白，拿了球棒，進去就打，這下了好了，你爸爸賠人家醫藥費，還請立委前去道歉。「老師，不要再說了，這次無論如何我也不讓妳受委曲，我如果留不住妳當我們導師，我就不唸了，只要我不唸，真勢力那小子校長也當不成了！」賴銘偉酒已醒了一半，但還是很生氣也很堅持。

「我不是說過嗎？陳淑珠和我很要好，她當導師凡事會告訴我和我商量，何況我又上你們的課，見面時間少不了多少！」我安慰傑偉。

「我就是不爽嘛！從來也沒有那一個班在學期中換導師，這樣對妳名譽損害很大，我們全班都很尊敬妳，沒有妳，我們班不知已二二六六到什麼地步了！」銘偉哭了起來。「什麼二二六六？」「就是亂七八糟啦，台語ㄌㄧㄌㄧㄌㄚˋㄌㄚˋ啦！反正台語我不會寫，就是沒現在這麼好的意思，校長不但不給妳杏壇芬芳錄、師鐸獎，還把妳貶到補校，妳知道嗎？補校都是牛頭馬面，妳去了穩死！」銘偉越哭越傷心。

「不會啦！我昨天已上了一天課，如果我實在不行，再告訴你，請你幫忙，好嗎？」我故意讚美銘偉，這人台語俗稱紅面的，紅面的人只要一褒他，他的尾巴就翹起來，事情就好辦了！「好，就這樣一言為定，老師你也要早一點回學校，否則真勢力那傢伙不起無ㄎㄧㄤ！」銘偉擦乾眼淚。「耶，什麼叫起無ㄎㄧㄤ？」我又搞不懂了。「就是找碴嘛！」「哦！台語還真難學，難怪小學台語課本連部長都不會唸！」我告辭了回來，賴醫生正忙著看診，我也沒打擾。

第二天一大早，校長又找我了，真是的，沒什麼事找我幹嘛！「王老師，賴會長說你班帶的很好，這樣好了，銘偉那班還是妳帶，晚上那班也偏勞妳，如何？」校長的臉似笑非笑，實在不知道怎樣描述。「怎麼變得這麼快？」我也老實不客氣發問。「唉呀！王老師啊！賴會長是鎮上名醫，對學校樂捐從不落人後，我能不聽他的意見嗎？何況銘偉說只要妳不當他們導師，他就不唸了，會長可緊張啦！」校長變得很低聲下氣，好像在求我的樣子，我反倒不好意思起來。

「多一個學生，少一個學生，您還不是校長！會長很多人想當，我們學校副會長就有十六位，不是嗎？」我不知那來的膽量，竟把心中的話一吐為快。「話不是這樣講，一般學生多一個少一個無妨，但銘偉不同，我一定要把他照顧到畢業？王老師這點還要請妳多費心，多費心！」校長也有話直說了，不再遮遮掩掩，看來昨天會長一定找了他，而且說不定也給校長臉色看也說不定。

「好了，校長，謝謝您的指導，從最近許多事情看來，我還是公事公辦，學生發生問題，我直接交給學校有關單位，最好是請校長親自督導！」我也直率的說出心中的話，怎麼？為了學生的前途，不希望張揚，難道有錯嗎？「妳有權處理，而且到目前為止，處理得很好，不過，還是讓我知道一下比較好，校長嘛！一校之長，學校發生了重大的事都不知道，豈不殆忽職守，上面若問下來，我怎麼回答？」校長有些乞求的味道，看起來不那麼囂張了。不就結了？「好！好！我一定事先向您報備，但也僅止於我們倆人知道。校長，從我自己當學生開始，有許多學生犯了錯，一輩子抬不起頭來，甚至一路壞下去，學校的處理方法確有問題！」我大發高論，其實這兩年多來的學校事件，我看和以前沒兩樣。往往電視、報紙一下子就頭條出現，這樣子學生怎麼做人，怎麼改過自新？

我回到班上，往講台一站，故意什麼話也不說，一臉嚴肅。「老師，校長有沒有罵妳？」「老師，校長不再續聘妳了？」「老師！說話嘛！我們都急死了！」你一言，我一語，大家都把頭抬得高高的，脖子拉得長長的，眼睛睜得大大的，希望我能說出結果來。

「各位同學，結果是⋯」我停了五分鐘不說：「快嘛！老師急死人了」「結果是我仍再擔任各位的導師。陳淑珠還是教你們的體育！」台下鼓掌、叫好聲、可以說歡聲雷動。有的人拿起便當盒、水壺來敲，他們太高興了。

民國九十三年七月九日台灣時報副刊

26. 大衛杜夫我不懂

夜間部的課聽學校同事說都不喜歡去上，夜間部林主任常常到處拜託，連導師也都是三請四請才勉強湊足六位。我竟然被「貶」到夜間部當導師，而且一點商量都沒有，可見校長這次是真的生氣了！

夜間部主任薛正斌是好好先生，我到任的第一天就跟我面授許多絕招，畢竟他已經在補校待了六、七年了。

我一進教室，竟然有六位同學穿便服站在後面，其他的同學聊天的聊天，打電動的打電動，也有玩紙牌的。我自我介紹之後就請那六位穿便服的同學到樓下教室大家聊聊。我聽說這六位同學都曠課超過時數，必需要退學，原來的導師劉主任不肯通融，結果鬧僵了。

「同學們坐，抽菸嗎？」我向薛主任借了一包菸，林主任抽的可都是高級的國外菸，什麼大衛杜夫的，反正我沒抽菸，我也不懂。

每一個人都點上了菸，看他們抽菸的架式，應該都是老煙槍，才十六、七歲，唉！這年頭辦教育真不容易。「老師，劉主任真頑固，我們明明告訴他我們工廠上班，下班立刻趕來還是遲到，他硬是要記曠課，每天一節，老師，妳說我們不是沒幾天就退學了？」個子較高的一位首先發言。

「我知道，我知道，所以學校特別派我來帶你們啊！」我慢慢瞭解，這些孩子大都在汽車修護廠、冷凍羊肉廠、紙廠……工作，下班時已六點，趕到學校都是六點半了，我告訴他們：「你們回去換制服，明天來上課，退學的事我跟主任商量。好吧？」「真謝謝老師，我們明天一定服裝整齊！」他們一起道謝而去。

「王老師，還是妳有辦法，本來想妳如果服不了他們，我就要親自出馬了！」薛主任這麼一說，其他五位導師不約而同地笑出了來。後來我才知道，那天薛主任嚇得要死，都不敢到教室去。「還是主任厲害，不過，這種小事，殺雞焉用牛刀！」我想還是給主任一點面子，不要一來就搶了他的威風。

第一節課只剩十分來鐘，我跟學生大略聊了一下今後上課方式，另外三節課我告訴他們改電影欣賞，片名是「春風秋雨」內容描寫一位黑人女孩和母親間的衝突，同學看完，居然還是很多人淚流滿面。

「老師，那位女兒太不應該了，皮膚能證明什麼？何況她的母親那麼愛她！」坐第一排第一個位置的一位女生說。我看一看點名簿，她叫王小蘭。

「還有呢？其他人也有什麼心得？」我發問。「看來每一個父母都是愛子女的，我們在感動之餘，要發憤圖強，不要讓父母傷心。」坐在中間的李錦明說。「李錦明每次都和父母吵架啦！還說呢！」隔壁的阮太平朝他吐了吐舌頭，好像十分不以為然。對了，回去以後大家寫一篇觀後感，就寫在週記裡好了，不要再寫什麼國內外大事、師長訓話、讀書心得，整週只寫這一篇心得即可。

第二天白天，我仍要到校上課，雖然不兼林建立他們導師，課還是要照上，當我走進教室時，竟然發現全班都在哭。「怎麼啦！誰罵你們，欺負你們？」我問。「沒有啦！老師怎麼不再當我們導師嘛！我們要去找校長抗議。」林建立的個性最衝動。「那可不行，林建立，不要害老師，其實導師不當，還是照上你們的課，有什麼問題還是可以找老師想辦法，何況陳淑珠和我最要好，我當導師和她當導師，沒有什麼區別！」我安慰他們。

正說話間，校長室的工友匆匆忙忙跑進來：「王老師，賴銘偉正在跟校長大聲小聲，妳趕快去！」「老師，我們也要去！」「老師，我們要替妳打抱不平。」「老師，我們要去校門口靜坐抗議。」「好啦！」我大喝一聲，也不知那來的力氣：「你們是為我好，還是要害我？」我掏出手帕擦拭眼淚，誰說我沒有委屈，但我能讓學生去抗議嗎？我要他們好好自修，匆匆趕到校長室。此時賴銘偉正在大罵校長：「你真勢力，名字取得真好，你欺負王老師是女孩子，今天我就是不唸了，我也要替老師討公道！」校長嚇得面無人色，我進去二話不說，拉著賴銘偉就往樓下跑，我先把他帶回賴醫師家再說，我看他借酒壯膽，喝了不少。至於賴醫師是家長會長和校長的交情深，其他的就由他們自己處理好了。

民國九十三年十一月二十五日台灣時報副刊

27. 車禍傷腦筋

早讀時間，我正在訓練學生簡單的英語會話，同學也學得很起勁，因為常有國外體育隊伍到台灣比賽，他們可藉簡單的溝通，交到異國朋友，到國外旅行或比賽，也容易到處逛逛購物。正在大聲小聲的你一言我一語的做對話練習，家長會長賴一峰打電話到辦公室，訓導主任接聽之後跑來教室找我。

「王老師，賴銘偉出車禍了，會長剛剛來電話說銘偉出車禍，正在醫院急救，妳去看看！

「怎麼會這樣？我不是叫他們一律搭交通車嗎？」他幹嘛騎機車？大概問了一下情形，主任說他也不是很清楚，我就開著車子趕到醫院。

會長正在手術室外焦急地走來走去，兩手用力的搓著。陳雅芬在旁邊掉淚。我和會長打過招呼。趕忙問原因。「這孩子本來正要去搭交通車，陳雅芬住得比較遠，交通車開車時間太早，她沒趕上，打電話叫銘偉去載她，結果途中有個大彎道，車速太快，就摔到田裡去了，銘偉摔斷了腿。」會長說：「還好，陳雅芬只有輕微擦傷！」「都嘛是要保護我，銘偉大叫小心，抱緊，我就跌在銘偉的身上，只有一點點傷！」陳雅芬說。

一個多小時後，醫生出來告訴我們：「病人頭部檢查沒受傷，還好有安全帽保護，腿部骨折所以開刀，並上了石膏，大概一個多月就可以復原。」醫生說完逕自離開，我和會長此時放心不少，才有心情討論以後的事情。說真的，我雖然平時交代學生不可以騎機車，但家長准他們騎，我能每天到馬路上去抓嗎？何況現在規定放寬，年滿十八歲就可以騎車，他們已是高三學生，銘偉又因轉學成績不佳而慢了兩年，早有駕照了。

「老師，對不起，其實銘偉每天早上都騎車去載我，這次僥倖，我必須坦白告訴妳，以後我們不敢了！」陳雅芬哭紅了雙眼，可見他們感情已經很深了。

「上次妳父親就一直擔心妳們交往的事，我也一再告訴銘偉要認真、上進，否則陳雅芬的爸爸不會接受你，現在你們又出了樓子，這可是很棘手的事。」我說。

「就是嘛，我回去會被打死，自從上次沒回家被活逮，我保證不再和銘偉交往　，如今可怎麼辦啊！」陳雅芬十分焦急。

「其實妳父親也很開明，可惜妳們腳步踏得太快，銘偉又風評不好，難怪妳爸爸擔心！天下父母心啊！」我搖搖頭。

「銘偉最近很多方面都有進步，他母親也待我很好，直誇我把她兒子往好路帶！」雅芬說。

「是啊！賴太太也常打電話給我，說妳常幫銘偉複習功課，她很希望妳將來能成為她的媳婦。不過，我告訴她銘偉有很多地方讓人擔心，脾氣不好，愛打架鬧事，有時還砸人家的店，要改可不容易。」我老實跟雅芬說。

「這些我都知道，我希望用愛的力量去改變他。」雅芬好像很有自信。

和雅芬交談之間，會長已自醫院福利社買來幾瓶飲料，並一再表示感謝。

「會長，我先帶雅芬回去上課，銘偉的事，你就多費心了！」帶著雅芬，開車回學校的途中，仍然思索著，像這樣的學生感情問題，當老師的要如何處理才妥當。真是想破腦袋。記得自己當學生的時候，學校的處理多簡單：記過、退學。可是現在時代不同了，許多事情接踵而來，看來老師可要有十八般武藝呢！

車子開進校門，陳雅芬的父母早已等在傳達室。

「老師，妳們教學生只教她們談戀愛嗎？」陳雅芬的媽媽氣冲冲的質問。

「陳太太，妳不要生氣，妳冷靜一點，我們一起商量怎麼處理年輕人的事！」我耐心的說。

「有什麼好處理？雅芬一定要轉學！」陳雅芬的父親，鐵青著臉說。

「上次我沒告賴銘偉誘拐已經便宜他了！」陳雅芬的母親說。

「事情不是你們想的那樣嘛！」陳雅芬也氣沖沖的跑回教室去了。

我請陳雅芬的父母到辦公室坐，以便充分溝通，我說此時一定不能衝動，否則事情一定會弄得很糟。談了一個多鐘頭，陳雅芬的父母才算稍稍降了火氣，不過臨走還是一再放話：「老師，妳可要好好給我處理好，否則吃不完兜著走。」看來，我可有得傷腦筋了！

民國九十四年七月六日台灣時報副刊

跋——回望

《孤鳥飛行》是我的第二十三本書，以散文集來算是第七本。一個出身嘉義新港的鄉下人，幼年喪父，差點就失學去親戚家放牛的小孩，竟因寡母寧可含莘茹苦，供我念完初中，南師，取得小學教師資格，再三年才考上高師院英語系，有了穩固的職業，才能一路隨著興趣而走，既寫詩又寫散文，雖無輝煌成就，也出了這麼多本書，所以我在早先為了感謝母親寫了一本《追火車的甘蔗囝仔》，即是記錄我早年生活的傳記，其實書中所述，真難道盡母親辛苦於一本小小的書中。所以在第一輯中我又收錄了一篇〈母親生病時〉，以記錄平常思念母親的心情於萬一。

這一本書的第一輯是『孤鳥飛行』，大概都發表在聯合副刊和自由副刊上。大部份是屬於感時憂國的小品文，許多朋友讀後都頗有同感，但人微言輕，沒有產生什麼影響力，只有像小鳥飛過，輕叫幾聲，並未引起人們注意，就只好繼續孤獨的飛行，看到有感觸就叫幾聲，聊表寸心，如此而已。

第二輯和第三輯大部份屬於校園故事　，是幾十年的教書中所見所聞杜撰而成，不一定是事實，不要對號入座是我所盼望的。寫散文是否不能虛構？人言言殊，陳義芝教授在替顏崑陽教授的散文集《窺夢人》寫序時就說：『我編輯《新世紀散文家》系列所強調的「文成法立」——章法原理是創作者所開發的，好文章寫出來，法度就顯現了，並不是有什麼一成不變的規矩作法。文壇人士或謂散文不可虛構，不可像小說，實是自設框架。論者有未細思現實生活的真實倒映在筆下，如何認定其真實與否？作此認定的目的又為何？每一篇文章都是一段人生，一個世界，讀者要的是文筆組成的人生，求其笑淚曲折，豐富而有寓意，並不要真實卻平板的書寫。』深獲我心。

所以在這些類小說式的故事中，有些道聽途說，有些是自己的教育理想藍圖，未盡規劃理想的烏托邦校園，當時剛退休不久，蒙台時副刊主編黃耀寬先生約稿，從民國九十一年寫到民國九十三年共得二十幾篇。都收在第三輯「冷水潑心肝」一輯中。後來聯合報繽紛版林德俊先生曾主編一段時間，我把餘緒寫出來，其中〈蔡校長讓我們流淚〉乙文就獲選入《聯副五十個動人的故事》一書中。這些故事現在看起來已屬老舊，新生代何其聰明，要起花招來，更是在人們的想像之外，要當老師，不只是以前老一輩告訴我們：「要有兩把刷子」，可能要「孫悟空七十二變」來應付了。教書的飯碗，越來越沉重啊！

我剛寫散文，服膺素樸理論，沒什麼修飾語言，往往故事一路寫到底，後來寫六百字左右的小品文，又覺得似乎要加一些詩的含蓄，所以就用類似散文詩的筆法來寫，但雖富詩意，卻仍是散文。年齡已是老歲人了，但仍在寫，一直在寫，以今日之我否定昨日之我，以明日之我，否定今日之我。

感謝許多好友陪伴，走孤寂的文學之旅，在一起喝茶聊天時，仍是快樂不寂寞的。之所以稱「孤鳥飛行」，乃是指寫作時的心境，那種不被瞭解，不被認同的孤寂心情。但心中仍然感謝許多好友，一同陪伴走寂寞的文學之旅。

在出版《孤鳥飛行》時，特別要感謝好友劉冬龍老師的協助支持，文史哲老闆彭大哥在書市越來越不景氣的時候，慨然應允出版，並利用春節寶貴的年假，幫忙排版，真是令我感激萬分。也謝謝內人靜帆照顧所有家務，讓我無後顧之憂，專心寫作。年過七十五了，回頭看看自己走過的路，竟然如同自己發表在聯合副刊的小詩〈回望〉一樣：

回望

從現代回望古代
一眼望穿的河谷
人類腳印落處
一顆顆錯落的鵝卵石
散置在涓涓的細流中

—民國一〇一年三月一日聯合報副刊

啊！在人生的長河中，走過的似水年華，在回望中，竟然是「一顆顆錯落的鵝卵石／散置在涓涓的細流中。」每一顆都深深烙印在心中啊！